经济建设和国防建设
出 版 工 程

保密管理攻略：军工科研生产篇

JUNGONG KEYAN SHENGCHAN
WANGLUO BAOMI JISHU GUANLI

U0868945

军工科研生产网络保密技术管理

编著 王西雁 徐 博
参编 曹 丹 俞 烽 陶凌汉

哈爾濱工程大學出版社
Harbin Engineering University Press

内容简介

本书按照"业务谁主管、保密谁负责"的保密归口管理的要求，结合军工单位的业务实际工作需求，将信息安全保密技术管理体系总结为五大部分，从定义和分类入手，对归口管理的融合要求、体系文件的制定和执行、台账和标识的管理、安全保密管理要求等方面进行了说明和论述，以满足军工单位信息安全保密技术管理体系建设和常态化运行需要。本书可以称为实战攻略，提供了一种信息安全保密技术管理的方法，方便读者快速、高效、准确地上手和使用，避免走弯路或者毫无头绪。

本书适于保密工作任务较多、较重的机关和单位使用，也可供从事保密管理、信息安全保密管理和信息安全技术管理与应用的人员及相关专业的学生学习和参考。

图书在版编目(CIP)数据

军工科研生产网络保密技术管理/王西雁，徐博编著. —哈尔滨：哈尔滨工程大学出版社，2021.4(2023.2 重印)
经济建设和国防建设出版工程. 保密管理攻略. 军工科研生产篇
ISBN 978-7-5661-3020-4

Ⅰ. ①军… Ⅱ. ①王… ②徐… Ⅲ. ①军事科学—科学研究工作—保密—中国 ②军工生产—保密—中国 Ⅳ. ①D631.3

中国版本图书馆 CIP 数据核字(2021)第 054467 号

选题策划 马佳佳
责任编辑 张 彦 章 蕾
封面设计 李海波

出版发行 哈尔滨工程大学出版社
社　　址 哈尔滨市南岗区南通大街 145 号
邮政编码 150001
发行电话 0451-82519328
传　　真 0451-82519699
经　　销 新华书店
印　　刷 黑龙江天宇印务有限公司
开　　本 787 mm×1 092 mm 1/16
印　　张 11.25
字　　数 288 千字
版　　次 2021 年 4 月第 1 版
印　　次 2023 年 2 月第 4 次印刷
定　　价 79.80 元
http://www.hrbeupress.com
E-mail:heupress@hrbeu.edu.cn

总　　序

国家利益高于一切，保密责任重于泰山！

欣闻“保密管理攻略”丛书即将付梓印刷，内心竟有些百感交集。本套丛书的作者均是从事保密工作十几年甚至是几十年的“老保密”，他们将自己的一生都奉献给了保密事业。保密工作责任重大，关系国家富强、民族复兴的伟业。如此重要的工作，在日常中要落细、落小，紧密依托各项业务工作，须臾不可放松。面对纷繁复杂的工作内容，很多保密战线的同人们常感到茫然失措，无从下手：如果保密工作管理不到位，国家秘密会面临失控的风险；如果管理过头了，有些业务工作又无法开展。将保密工作融入业务工作，既能保安全又能保运转，是本丛书作者们思考的基本出发点。

“攻略”在不同的领域具有不同的释义，但都可以概括为“通盘的计划、策略和做法”。本套丛书命名为“保密管理攻略”，道出了作者们凝炼的保密工作要素和精华。他们经过几十年的工作积累，已经将保密工作的思路和方法溶于血液中，运用于平时的工作中，有效地保障了国家秘密的安全和科研生产工作的正常运转。“保密管理攻略”丛书既包含了胸怀全局的顶层设计，也包含了立于不败之地的底线思维，还包含了运筹帷幄的系统谋划，更包含了步步为营的分步实施。

保密工作的目标就是保证涉密信息在知悉范围内流转，简单地说就是让该知道的人知道，让不该知道的人无法知道。为实现这一目标，首先需要精准确定涉密信息是什么，准确界定知悉范围是哪些，需要设计一整套融入科研生产全过程的体系化的流程和方法，实现“业务工作谁主管，保密工作谁负责”，确保各个管理要素和技术要求可以落细、落小、落地，涉密信息不被知悉范围之外的人获悉，最终有效地保障整个科研生产体系能够常态化运行，并实现对涉密信息的管控。这一套体系化的思路和做法也适用于其他管理工作。

这套丛书的作者们曾希望把自己的所思所想和所作所为毫无保留地和盘托出，但无奈纸短情长！越到细微之处越发现文字并不足以表达深刻的思想内涵。而“攻略”一词本身就包含实践演示和互动交流之意，也蕴藏着丰富思想，只可意会却无法言传。因此，作者们的很多感悟与思考在丛书中并没有全面地体现出来，实在令人遗憾。但是这些经历过风风雨雨的“老保密”们也都知道，留有遗憾，也许才是真正的完美，笔下写的是保密攻略，品味的其实是人生要义。

本套丛书成稿过程得到了国家保密局、中国保密协会、国家国防科技工业局相关领导的关心和指导，得到了哈尔滨工程大学，航天科工集团有限公司二院二部、二十五所、二〇七所的大力支持和帮助，借成书之际在此一并表示衷心的感谢！同时，也感谢宫洪岐和张常伟两位同志的宝贵意见和建议！

道不尽的酸甜苦辣，品不完的保密人生！

祝愿走在保密之路上的同人们一切顺利！

2021 年 2 月

前　言

俗话说:“三分技术,七分管理。”《武器装备科研生产单位保密资格标准》(以下简称《保密资格标准》)及《武器装备科研生产单位保密资格评分标准》(以下简称《评分标准》)中所说的技术部分,其实归根结底是信息化技术和保密管理的融合,也是信息化技术与信息化管理的融合。由于信息化技术种类繁多、灵活多变,对信息安全保密管理工作提出了复杂多变的要求,因此在实际工作中容易出现信息化建设和信息安全保密管理不和谐的问题,同时也可能带来信息安全风险。本书编写目的在于尽力解决上述不和谐之处,规避风险,既满足《保密资格标准》《评分标准》的要求,又方便工作,实现信息化技术和信息化安全保密管理的融合,以及保密工作与业务工作的融合。

本书的很多编者都曾参与第二、三轮《武器装备科研生产单位保密资格审查认证管理办法》《保密资格标准》《评分标准》《军工保密资格认定工作指导手册》(以下简称《指导手册》)的起草、研讨和修订工作;也曾多次到军工单位、有关高校、中科院等进行咨询和培训,解读《保密资格标准》内容及传授方法,并就存在的各类信息化技术和保密管理融合的问题面对面研讨及实地指导交流。在十余年的信息化和保密工作实践中,各位编者专家深感有必要将实践经验进行认真总结和精心提炼,尤其是对实操层面的技巧进行打磨和细化,将国家标准要求嵌入各单位的具体工作和业务流程中,结合项目管理、信息系统建设和运行维护、设备采购等业务流程,力图将《保密资格标准》要求流程化、多项流程归一化、数据表单结构化。各位编者专家站在执行层面,说明了《保密资格标准》《评分标准》《指导手册》的主要内容应该如何在实际工作中一次完成落地,减少工作的反复和安全的事后补偿,帮助相关人员尽快理解和消化《保密资格标准》的要求;同时也对分级保护标准中与保密认定技术标准重合的部分进行了解读。

本书内容主要包括信息系统、信息设备和存储设备的信息安全保密管理要求及技术防范措施。安全策略采用了简化的方式叙述,点到为止,以符合国家保密要求。由于军工科研生产单位使用的设备是多样化的,其采购渠道是多途径的,使用要求和管理方法也各有不同,因此本书就如何围绕信息系统、信息设备和存储设备的安全保密管理要求,将不同类型、不同采购渠道、不同用途的设备统一管理起来,使读者弄懂怎么在业务流程中嵌入和落实保密要求。只有这样,读者才能遵循相关的安全保密管理要求,掌握不同类型设备存在的安全保密风险,采取有针对性的控制措施,并将其融入业务流程,促使安全保密工作真正落地。

本书是由已有多年实操经验的专家编写的。在成书过程中,编者们通力合作,精心打造,形成了一本全新的《军工科研生产网络保密技术管理》,可以说本书是多位编者多年辛勤耕耘的结晶。本书的形成是基于《中华人民共和国保守国家秘密法》《保密资格标准》《评分标准》的要求,基于信息化技术的建设、实施和使用,基于信息化管理所需的组织机构人员、体系等人、事、物的梳理。本书集专业性、系统性、实用性为一体,是信息安全保密体系建设具有指导性的工具书及操作手册,相信对从事保密和信息化工作的人员有所帮助。

编　者

2020 年 7 月

目　　录

第1章　信息系统、信息设备和存储设备的定义及分类

1.1　定　　义

1.1.1　信息系统、信息设备和存储设备的定义

信息系统、信息设备和存储设备是指在日常工作和科研生产活动中配备和使用的各类应用系统、服务器、计算机、网络设备、外部设施设备存储介质、办公自动化设备、声像设备和安全保密产品。

1.1.2　信息系统、信息设备和存储设备的范围

1.1.2.1　涉密信息系统

涉密信息系统是指由计算机及其相关配套设施、设备构成的，按照一定应用目标和规则存储、处理、传输国家秘密的系统或网络，以及与涉密信息系统连接的其他信息系统，如安全传感器、工控网络等。

1.1.2.2　应用系统

应用系统是指由硬件设备及系统、接口部件、外部设备、应用软件、支持软件和工具软件组成的，为武器装备科研生产服务的人机系统，以及安装在信息系统中，实现某些专门应用的综合系统。

1.1.2.3　信息系统

信息系统是指涉密信息系统、非涉密信息系统、互联网和与其相连接的其他专用系统及设备，包括服务器（应用系统服务器、数据库服务器、安全保密产品服务器、安全控制服务器、数据备份服务器等）、小型机、中型机、大型机、巨型机、操作终端、堡垒机、交换机、路由器、网关、网闸、VPN设备、KVM设备等，以及传感器系统、测试仿真系统、工控系统等。

1.1.2.4　信息设备

信息设备是指各类台式计算机、便携式计算机、各种工作站、非线性编辑机、工业控制机、打印机、打字机、复印机、传真机、多功能一体机、碎纸机、速印机、晒图机、制图机、绘图仪、扫描仪、外接式光盘刻录机、移动光驱、照相机、摄像机、录音机、非线性编辑机、扩音设备、投影仪、音视频矩阵、视频会议设备、数字化会议设备、专用显示器或电视机、读卡器等。

1.1.2.5 存储设备

存储设备是指各类硬盘和固态存储器、移动硬盘、光盘、U 盘、软盘、存储卡、记忆棒、录音带、录像带等。

1.1.2.6 安全保密产品

安全保密产品包括病毒防治、密码产品、身份鉴别(IC 卡、USB KEY、指纹仪等)、访问控制、接入控制、单向导入、输入输出控制、监控审计、入侵检测、边界控制和防护、电磁辐射和传导泄漏发射防护、漏洞扫描、存储保护、信息消除、移动存储设备销毁工具、检查工具等。

支撑网络运行的机房、综合布线、安防监控等也在此范围之内。

此外,打印机、扫描仪、移动光驱、读卡器等又称外部设施设备,特指与计算机或涉密信息系统直接物理连接的,不能独立行使其功能的设备。其中打字机、复印机、传真机、多功能一体机、碎纸机、速印机、晒图机、绘图仪等,及其相关存储附件和耗材(其中部分设备也可以看作计算机的外部设备),日常工作中也统称为办公自动化设备;照相机、摄像机、录音机、投影仪、非线性编辑机、扩音设备、音频矩阵、视频矩阵、视频会议设备、数字化会议设备、存储卡、记忆棒、录音带、录像带等,及其相关附件和耗材,日常工作中也统称为声像设备;测试仿真系统、调试系统、工控系统、传感器系统等具有科研试验、生产制造、产品测试、质量控制、库存配送等用途的专用信息设备,日常工作中也统称为专用系统或专用设备(各种图形工作站,小型、大型计算机等因特殊用途无法安装安全保密产品或安装后影响使用的可以参照执行)。

1.2 分　　类

根据实际工作中的科研生产业务,信息系统、信息设备和存储设备可以分为三种类型:

第一种类型,以计算机形态交付的产品或者具有计算机功能的产品。这种类型应该遵循保密产品或产品的管理要求,满足军方对产品的技术指标要求。

第二种类型,具有计算机功能的设备。这种类型的设备通常是军工单位自行设计制造的(也有只做设计,外协生产制造的;或者只提技术指标,外协设计制造的)。这种类型应该遵循设备的管理要求,明确与产品连接的要求。

第三种类型,设备配套的计算机。这是一台计算机类型的信息设备,应该遵循信息系统、信息设备和存储设备的管理要求。

第 2 章　信息系统、信息设备和存储设备的归口管理

军工单位的信息系统、信息设备和存储设备安全保密管理工作应该在保密委员会、网络安全和信息化工作领导小组的指导下，由网络安全专业负责人或信息化总师负责专业技术，由相关的业务部门履行信息系统、信息设备和存储设备安全保密管理责任，保密总监和保密工作机构负责指导、监督和检查责任落实情况，相关业务部门应按照归口管理的要求在各自的业务管理办法中落实信息安全保密管理要求和技术措施。各部门职责参考归口管理的原则、信息安全保密管理职责如下。

2.1　部 门 职 责

2.1.1　信息化管理部门职责

信息化管理部门是信息化的归口管理部门，负责信息化的规划、建设、运行维护，以及安全保密的管理工作；负责组织制定信息安全保密管理体系文件并发文，会同人力资源部门建立网络管理员、数据库管理员、应用系统管理员（以下简称“三员”）的安全保密管理制度；负责签订运行维护合同（含保密协议和保密承诺），监督运行维护机构的日常工作；会同设备管理部门建立总台账，定期组织对信息系统、信息设备和存储设备进行清查核对和登记；负责组织信息系统、信息设备和存储设备报废；负责标识的确定、制作和管理；负责组织安全审计和风险自评估等。

负责审批的事项：负责审批运行维护工具的使用；负责审批策略和部署的变更；负责审批访问控制设置权限；负责审批外带和内用的便携式计算机相互借用；负责审批人员进出主机房；负责审批确认安全审计和风险自评估整改方案。

2.1.2　信息化运行维护机构职责

信息化运行维护机构可以根据军工单位从事的信息化业务进行划分，譬如，信息系统、信息设备和存储设备的全生命周期运行维护；信息化的发展规划、总体架构、建设实施、应用设计开发等信息化技术工作；信息导入导出、外出携带、存储介质、互联网计算机使用等信息服务工作等。在一个单位中，这些业务既可以由一个运行维护部门负责，也可以由多个部门负责，但都要落实信息化管理部门制定的安全体系文件，接受信息化管理部门的监督和管理。

信息化运行维护机构主要负责信息系统、信息设备和存储设备的全生命周期运行维护；负责建立信息系统、信息设备和存储设备的全生命周期档案；负责制定、运行、维护工作制度和操作规程；负责安全产品的部署、状态和策略检查记录；负责落实安全审计和风险自

评估,并编制相关报告;负责安装各类系统的补丁;负责机房及其配套设备设施的使用管理;负责信息设备和存储设备、信息输入输出、外出携带和互联网计算机的使用管理等。

信息化运行维护机构负责审批的事项:负责操作系统,工具软件、硬件安装和拆卸的审批;负责信息导入的审批。

信息化运行维护机构可以是接受本单位信息化管理部门业务监管的内设机构,具备信息系统、信息设备和存储设备日常运行维护和安全保密管理的能力;也可以由非本单位机构负责涉密信息系统、涉密信息设备和涉密存储设备的运行维护工作。但要注意以下三个方面的要求:

(1)被委托单位与委托单位为同一法人(或者同一上级法人)的直接下属单位的内设机构,受信息化管理部门委托开展运行维护工作,并接受监督指导。一级保密资格单位仅能选择此种方式委托运行维护工作。

(2)选择非同一法人(或者非同一上级法人)的机构(单位)承担运行维护工作的,被委托机构(单位)应当具备国家保密行政管理部门颁发的涉密信息系统运行维护资质,并指派专业技术人员(涉密人员),在信息化管理部门的监督管理下,负责运行维护工作。

(3)委托单位信息化管理部门应当与被委托承担涉密信息系统运行维护工作的机构(单位)签订运行维护工作合同与保密协议,会同人力资源部门对受委托承担运行维护工作的人员进行保密审查和保密教育,并确保实际参加运行维护的人员与合同确定人员一致。受委托承担运行维护工作的人员应当签订保密承诺书。

2.1.3 保密管理部门职责

保密管理部门的职责:负责指导、监督、检查信息化管理部门;负责组织特殊设备或信息系统接入方案和安全保密方案专家评审;负责组织销毁、建立销毁清单等。

2.1.4 其他归口管理部门职责

其他归口管理部门负责各自对口业务的信息系统、信息设备和存储设备的使用管理;负责其采购设备和建设项目的安全保密管理要求和技术措施的落实。

2.1.4.1 人力资源管理部门

人力资源管理部门会同信息化管理部门建立三员的安全保密管理制度;负责对单位内部的三员和委外运行维护人员进行上岗前保密审查、保密教育培训,发布三员任命或上岗文件;负责组织三员的培训;负责组织安全保密管理体系文件的培训。

2.1.4.2 设备(资产)管理部门

设备(资产)管理部门会同信息化管理部门建立总实物台账,定期组织对信息系统、信息设备和存储设备进行清查核对和登记;负责监督报废程序符合相关要求。

2.1.4.3 行政和会议管理部门

行政和会议管理部门负责数字化会议室和视频会议系统的安全保密管理要求和技术措施的落实。

2.1.4.4　基础建设部门

基础建设部门负责信息系统、信息设备和存储设备所需强弱电（其中综合布线职责亦可放在信息化技术部门）、基础设施建设及维护管理等。

2.1.4.5　档案和宣传管理部门

档案和宣传管理部门负责声像设备和多媒体设备的安全保密管理要求和技术措施的落实。

2.1.4.6　保卫管理部门

保卫管理部门负责信息系统、信息设备和存储设备所在物理位置的安防设备设施管理，负责主机房（保密要害）进出授权等。

2.1.4.7　密码管理部门

密码管理部门负责网络密码机密匙的管理。

2.1.4.8　安全部门

安全部门负责涉密科研生产现场视频监控系统的安全保密管理要求和措施的落实。

2.1.4.9　其他单位

其他单位负责各种业务范围内使用的信息系统、信息设备和存储设备的管理；负责提出需求和指标要求，提出建设项目的拟定密级并履行定密程序。

2.1.5　需要注意的几点要求

（1）机构分工发文应是单位负责机构编制的部门正式签发的公文，文件中规定的机构岗位职责须包括上述的安全保密要求（可简化，但不能降低）。其中信息化管理和信息化运行维护的组织机构职责应该包含上述内容，其他机构建议增加对应的信息安全保密要求。

（2）信息化管理部门和信息化运行维护机构的设置要注意避免出现“裁判员和运动员于一身”的情况。信息化管理部门是监管信息化运行维护机构的，保密管理部门是监管信息化管理部门是否履行了监督管理职责的。

（3）信息化管理部门和信息化运行维护机构是个统称，单位应根据自己单位机构的编制和设置情况来确定具体的职责，需注意的是，信息化管理和运行维护的职能不能设置在保密管理部门。

（4）信息化管理部门和信息化运行维护机构是单位正式的（质量体系、机构发文）职能部门，可以挂靠在如办公室、科研生产部、技术基础部、数字化办公室等实体部门下，也可以是独立的实体组织机构，但不能由虚职机构来代替，如保密委员会下设的信息安全保密小组或者网络安全领导小组下设的办公室等。

2.2 岗位人员职责

2.2.1 岗位设置

(1)信息系统、信息设备和存储设备安全保密工作实行领导责任制和岗位责任制。单位法人为第一责任人,主管信息化的负责人为直接责任人,其他负责人对分管业务范围内的信息安全保密工作负直接领导责任。信息安全技术负责人(统称,可以是网络安全总监、信息化总师或副总师)负责专业化技术和管理责任,各部门负责人对本部门网络安全保密工作负直接管理责任。

(2)信息化管理部门需配备一名具备信息化和信息安全专业技术的管理人员进行专业化管理,需具备专业能力。

(3)信息系统、信息设备和存储设备配备系统管理员、安全保密员、安全审计员(以下简称"三员"),分别负责系统运行、安全保密和安全审计工作。网络管理员、数据库管理员、应用系统管理员也称为三员。涉密应用系统的三员可设置在业务部门,或者经过业务部门的同意设置在信息化运行维护机构;其他角色的运行维护人员应纳入"三员"的范畴进行管理。

(4)信息系统、信息设备和存储设备配备的维护维修人员参照"三员"的要求进行管理。

2.2.2 岗位职责

信息安全工作实行领导责任制和岗位责任制。

2.2.2.1 领导层

1. 法人和党委书记

法人和党委书记是信息安全第一责任人,对单位信息安全保密工作负组织领导责任,协调、督促相关部门落实人力、物力、财力等保障条件,督促、检查信息安全保密工作领导责任制落实情况。

2. 分管业务负责人

分管业务负责人是信息安全保密的直接责任人,负责信息化工作(含信息安全)的重要事项决策、队伍建设和安全考核;负责审批安全体系文件,审阅安全审计报告和风险自评估报告,根据存在的问题明确提出整改要求。

3. 主管保密的领导

主管保密的领导负责监督、指导、检查工作的有效性;负责审批安全体系文件。

4. 其他主管业务负责人

其他主管业务负责人依据分管的业务工作,按照"业务谁主管、保密谁负责"的原则,对分管业务工作范围内与信息系统、信息设备和存储设备有关的安全保密工作负领导责任。

5. 信息安全技术负责人

信息安全技术负责人负责专业化管理和技术;负责指导信息安全体系建设,指导信息安全体系日常管理和技术工作。

6. 保密总监

保密总监负责监督、指导、检查信息安全保密工作落实国家保密政策法规的情况。

2.2.2.2　管理层

1. 信息安全保密管理人员

信息安全保密管理人员负责信息安全保密的专业化管理，监督、指导、检查信息化运行维护机构和人员落实信息安全保密要求的情况。

2. 保密部门技术人员

保密部门技术人员负责监督、指导、检查信息化管理部门和人员落实信息安全保密管理的情况。

2.2.2.3　技术层

信息系统需配备“三员”，分别负责系统运行、安全保密和安全审计工作。此外，还需有应用系统开发和管理人员，以及维护维修人员。

1. 系统管理员

系统管理员（含网络管理员、数据库管理员、操作系统管理员、应用系统管理员等）负责对信息系统、信息设备和存储设备的软硬件系统进行维护和管理，保障涉密计算机信息系统的正常运行，其应清楚地了解本单位信息系统、信息设备和存储设备的运行环境、运行条件、技术性能、空间分配、参数设置等技术指标，并熟练掌握其操作规程。其具体职责包括：

（1）负责网络系统、服务器系统的日常运行管理和维护及技术支持，保障网络系统、服务器系统、数据库系统和各种软硬件系统正常运行。

（2）根据本单位信息系统、信息设备和存储设备运行需求的变化，不断优化系统运行环境，及时调整网络运行状态，合理配置网络资源。

（3）负责软硬件设备，以及应用系统和数据库系统的安装卸载。

（4）配合安全保密管理员保障信息系统、信息设备和存储设备与安全设备相协调，确保系统管理操作符合安全保密策略。

（5）对本单位信息系统、信息设备和存储设备的系统日志、安全日志、策略配置文件等数据定期进行备份。

（6）在安全保密员配合下，应定期升级安全保密设备及其规则库；定期进行病毒、木马和恶意代码程序的查杀、处理工作。

（7）负责定期分析网络设备、操作系统等软硬件的系统日志，针对系统异常、错误或报警等日志分析原因，提出解决办法并实施。

（8）负责涉密信息系统信息流量、负载均衡和相关信息统计分析，定期编写涉密网络运行报告（安全审计报告中的系统部分）。

（9）负责应用系统用户注册、应用系统内部配置等工作。

2. 安全保密员

安全保密员负责信息系统、信息设备和存储设备的日常安全保密管理工作，应了解本单位信息系统、信息设备和存储设备的安全隐患、安全策略、用户权限及参数设置等技术指标，并熟练掌握安全保密产品的操作规程。其具体职责包括：

（1）负责提出文档化的信息系统、信息设备和存储设备安全策略文件编制建议，实施各类安全保密设备的安全策略,并根据环境、系统和威胁变化情况及时调整、更新安全策略,及时备份安全保密策略。

(2)检查、分析安全保密设备、操作系统的用户操作日志。

(3)协助系统管理员完成操作系统等各项配置,制定和实施安全策略。

(4)负责编写职责范围内的安全管理系统日志审计、异常事件和行为统计。

(5)负责对普通用户及安全审计员的操作行为进行审计。

(6)负责网络安全日志、事件信息统计分析,定期开展风险评估工作并形成文档化的风险分析报告。

(7)负责应用系统的用户权限管理和用户的操作日志审查、分析工作。

3. 安全审计员

安全审计员负责对系统管理员、安全保密管理员的操作行为进行审计、跟踪、分析、监督和检查,以及时发现违规行为。安全审计员应具备系统日志分析、安全事件分析能力,掌握取证技术。其具体职责包括:

(1)对系统管理员、安全保密管理员配置和更改操作系统、应用系统、网络设备、安全设备的策略、用户权限及参数设置等进行审核和监督操作。

(2)定期分析操作系统、应用系统、网络设备、安全设备的安全日志,检查系统管理员、安全保密管理员填写的维护记录,通过记录对系统管理员和安全保密管理员的操作行为实行监督,对可疑的信息进行安全审计和跟踪控制,发现违规行为应及时向本单位安全保密管理机构汇报。

(3)对系统管理员和安全保密员的异常操作和行为进行统计,并对系统管理员和安全保密员的审计报告进行综合分析,将各个分系统和单机的审计报告归纳统一,定期形成最终文档化的安全保密审计报告。

4. 应用系统开发和管理人员

涉密应用系统也应配备三员,根据业务需求,三员可设置在业务部门,也可设置在信息化技术部门,但须遵循“三员”的管理要求。应用系统开发和管理人员负责根据业务部门制定的涉密信息知悉范围一览表制定涉密应用系统用户权限列表。

5. 维护维修人员

维护维修人员负责信息设备和存储设备的维护维修工作,如重装操作系统、故障诊断、软硬件拆卸安装、报废销毁等具体执行工作,其中重装操作系统须经过系统管理员授权。

2.2.2.4 业务层

1. 部门信息安全负责人

军工单位的各部门应结合工作实际需要指定一名领导作为本部门信息安全责任人,指定一名人员作为兼职计算机管理人员来承担本部门的信息系统、信息设备和存储设备的使用管理。

2. 兼职计算机管理人员

兼职计算机管理人员负责本部门管理和使用的信息系统、信息设备和存储设备的安全保密管理、运行维护和监督检查。具体工作可根据需求和可以授权的工作来进行具体设置。

3. 信息服务人员

信息服务人员负责信息导入导出的操作；负责外出携带的日常使用管理（如带出前和归还时的检查工作由信息服务人员承担，即三员承担）；负责互联网计算机的日常使用管理；负责信息化综合布线等。

4. 各类型信息系统、信息设备和存储设备使用管理人员

各类型信息系统、信息设备和存储设备使用管理人员负责各自范围内的安全保密工作。

2.2.3　管理要求

（1）三员相互独立，相互制约，不得兼任或交叉替代。机密级（含）以上涉密信息系统三员须为重要涉密人员；秘密级涉密信息系统三员须为一般涉密人员；应用系统三员的涉密程度根据应用系统密级来确定。

（2）三员须通过国家保密行政管理部门、国防科技工业管理部门，或者国家保密行政管理部门授权的其他部门或者单位组织的专业培训，具备上岗能力后，由人力资源部门进行任命或者下发相应的上岗文件。未参加培训或者不具备岗位能力的人员不得任命为三员，也不得从事与涉密信息系统、涉密信息设备和涉密存储设备相关的运行维护工作。

（3）三员上岗后，应根据工作需要，定期安排三员参加安全保密管理和专业技能方面的培训，坚持继续教育。

（4）三员的配备、录用、管理、资质和培训、监督、离岗执行三员管理办法。

（5）三员不再从事涉密信息系统运行维护工作时，须向人力资源部门上报个人重大事项报告并办理交接手续，对各种证件、钥匙、IC 卡、USB KEY（个人办公及全部三员用）、涉密文件、技术资料、软件、介质（含工具光盘）、管理口令和安全保密设备等物品进行清查登记并全部退还，并做相应的工作交接。新上岗三员应立即对交接的各类系统管理口令进行变更。交接过程须全部留有记录。

2.2.4　需要注意的几点

（1）三员是岗位，需要按照“以项定岗，以岗定人”的原则配置，纳入单位的涉密岗位中，应用系统的三员也是“三员”；维护维修人员也应按此原则设置岗位，各单位可根据需求确定岗位设置的细粒度。

（2）三员并未明确要求必须设置专职人员。单位在配备三员时需要满足实际业务需求，而是否满足实际业务需求可根据三员是否在工作中真正实现“相互独立，相互制约，不得兼任或交叉替代”的要求。

（3）三员的工作要求保密认定标准和分级保护标准有一定区别，军工单位应该根据自己取证的要求取“与”集的规则配备。

第 3 章　信息系统、信息设备和存储设备的安全保密管理体系文件

信息系统、信息设备和存储设备的安全保密管理体系文件包括安全策略、管理制度、操作规程，它是落实安全保密工作，实现信息系统、信息设备和存储设备可管、可用、可控、可查、可审、可追溯的基础，是信息系统、信息设备和存储设备的管理准则和控制流程。安全策略针对安全问题提出对策和解决方案，管理制度应当保障安全策略提出的对策和解决方案能够正确执行，操作规程是安全策略在信息系统、信息设备和存储设备上具体实现的操作步骤。这三个部分既相互独立，又相互关联，缺一不可。

安全体系文件的构成及关系如图 3.1 所示。

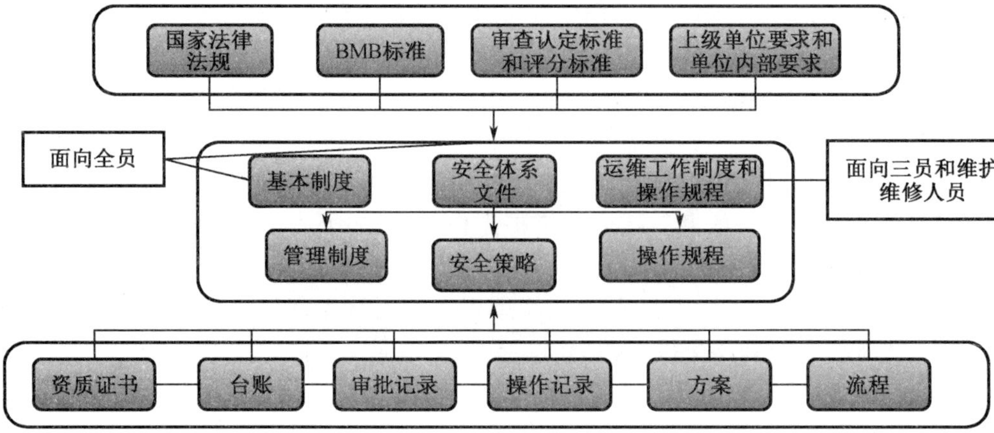

图 3.1　安全体系文件的构成及关系

3.1　管理部门发布的文件

3.1.1　安全策略

安全策略包括信息系统、信息设备和存储设备安全保密的整体目标和范围、安全原则、安全方针、安全组织机构、安全管理人员、安全保密产品和工具、物理和环境安全、通信和传输安全、信息设备安全、存储设备安全、操作安全（主要是身份鉴别、访问控制和导入导出等）、应用系统安全、信息交换安全、数据和数据库安全、备份与恢复安全、开发和维护安全、审计安全，以及相关的运行维护安全管理等。

在制定安全策略前，应当分析信息系统、信息设备和存储设备等存在的风险和隐患，提出解决安全问题的管理办法和控制措施。安全策略的模板见附录 A。

3.1.2 管理办法

管理办法包括信息系统、信息设备和存储设备的管理、使用、维护,以及保障安全策略相关的各项规定和要求,确保安全策略的实施和落实。管理办法的模板见附录 B。

3.1.3 操作规程

操作规程明确了实施安全策略的资源、设备、工具和人员,确定了安全配置管理权限的划分和变更流程,明确了实施安全策略时应当履行的规定程序和具体步骤。操作规程的模板见附录 C。

3.2 运行维护机构配备的文件

运行维护工作制度和操作规程应当符合国家相关保密法规和标准,结合运行维护业务工作实际制定,且条款清晰、分工明确、责权并举,具有可操作性。运行维护工作制度和操作规程为信息化运行维护机构内部使用的文件,其遵循的要求、策略、流程须符合管理办法、安全策略和操作规程。它是对安全体系的进一步细化,可具体到每一个人员的工作步骤和记录。工作步骤、记录和日志文档要符合 BMB17—2006《涉及国家秘密的信息系统分级保护技术要求》和 BMB20—2007《涉及国家秘密的信息系统分级保护管理规范》。

3.3 管理要求

(1)信息化管理部门制定由安全策略、管理制度和操作规程等组成的信息安全保密管理体系文件(以下简称“安全体系文件”),内容至少要覆盖涉密信息系统、与涉密信息系统互联互通的专用信息系统、非涉密系统等。

(2)信息化运行维护机构制定运行维护工作制度和操作规程,落实信息系统、信息设备和存储设备的安全保密要求。

(3)各归口管理部门应按照各自的业务分工,在本部门出具的业务管理办法中落实安全体系文件提出的要求。其中三员的安全保密管理办法由人力资源部门制定(可落实到单位的人员管理办法中)。

(4)安全体系文件由信息化管理部门发文,经保密管理部门审核后,报分管信息化和保密工作的负责人批准施行。安全体系文件发文须符合单位的公文行文规范和流程。信息化运行维护机构制定的运行维护工作制度和操作规程,原则上在运行维护机构内部完成审批即可,但为了确保其与安全体系文件的匹配性和可操作性,建议增加网络安全专业负责人/信息化总师(副总师)批准。

(5)安全体系文件须对全员开展宣贯培训,确保策略、制度、规程可以有效落实;运行维护工作制度和操作规程应在信息化运行维护机构内部开展实操型培训,确保运行维护人员的操作能够执行安全体系文件。安全体系文件的培训应纳入单位的培训计划,并提供全员培训的完整记录。

(6)物理环境、安全保密设施、风险威胁变化时,须及时调整更新安全体系文件。调整依据安全风险分析的结果，以不降低整体安全强度、确保国家秘密安全为原则。例如，涉密信息系统、涉密信息设备和涉密存储设备的物理环境发生重大改变，涉密设备发生较大的增加、延伸、扩展、缩减、拆卸等变化，或者出现新的安全隐患和风险时，都应当进行调整。

提示：涉密信息系统相关的安全保密体系文件（安全策略、管理办法、操作规程）可同时应用于测评和认定，不必分成两套。

第 4 章　信息系统、信息设备和存储设备的台账和标识管理

随着计算机技术的迅速发展和深入应用，大量的业务需要依托信息系统、信息设备和存储设备进行处理，军工单位也不例外。涉及国家秘密的业务对信息系统、信息设备和存储设备越来越依赖，这就要求军工单位必须弄清楚相关设备的使用情况，最基本的就是建立信息系统、信息设备和存储设备台账，做到信息要素完整、账物相符，实行全生命周期管理。

4.1　台账的管理

4.1.1　台账的分类和要素

信息系统、信息设备和存储设备在台账中的分类和要素如下。

4.1.1.1　信息系统

信息系统台账应包括以下要素：保密编号、名称、型号、密级、用途、责任部门、放置地点、责任人、操作系统安装日期、硬盘序列号、设备序列号、IP 地址、MAC 地址、启用时间、使用情况（包括在用、停用、归库、维修、报废）等。

4.1.1.2　信息设备

信息设备台账应包括以下要素：保密编号、名称、型号、密级、用途、责任部门、放置地点、责任人、操作系统安装日期、硬盘序列号、设备序列号、IP 地址、MAC 地址、启用时间、使用情况（包括在用、停用、归库、维修、报废）等。

4.1.1.3　存储设备

非涉密光盘可以不建立台账，但是操作系统安装、软件安装、病毒库升级、清除工具、检查工具等工具光盘应当上账，并应当根据用途分为涉密专用和非涉密专用。

存储设备台账应包括以下要素：保密编号、名称、型号、密级、用途、责任部门、放置地点、责任人、设备序列号、硬盘序列号（仅适用于集中存储类设备）、启用时间、使用情况等。

4.1.1.4　安全保密产品

安全保密产品建账时应注意它的台账分为两类：一类是安全保密产品分类台账，另一类是同一类安全保密产品下多个物理装置的台账。

安全保密产品分类台账应包括以下要素：保密编号、名称、型号、密级、生产厂家、检测证书名称和编号、责任部门、责任人、部署位置、购置时间、启用时间、使用情况等。

安全保密产品物理装置(IC卡、USB KEY、指纹仪、单导盒等,红黑隔离电源不用建立物理装置台账)台账应包括以下要素:保密编号、名称、型号、密级、用途、部署位置、责任部门、责任人、序列号、启用时间、使用情况等。

4.1.1.5　应用系统

应用系统台账包括以下要素:名称、密级、安装位置、用途、用户范围、支撑操作系统等。软件白名单台账包括以下要素:名称、版本、用途、用户范围、运行操作系统等。

台账建立的层次如图4.1所示。

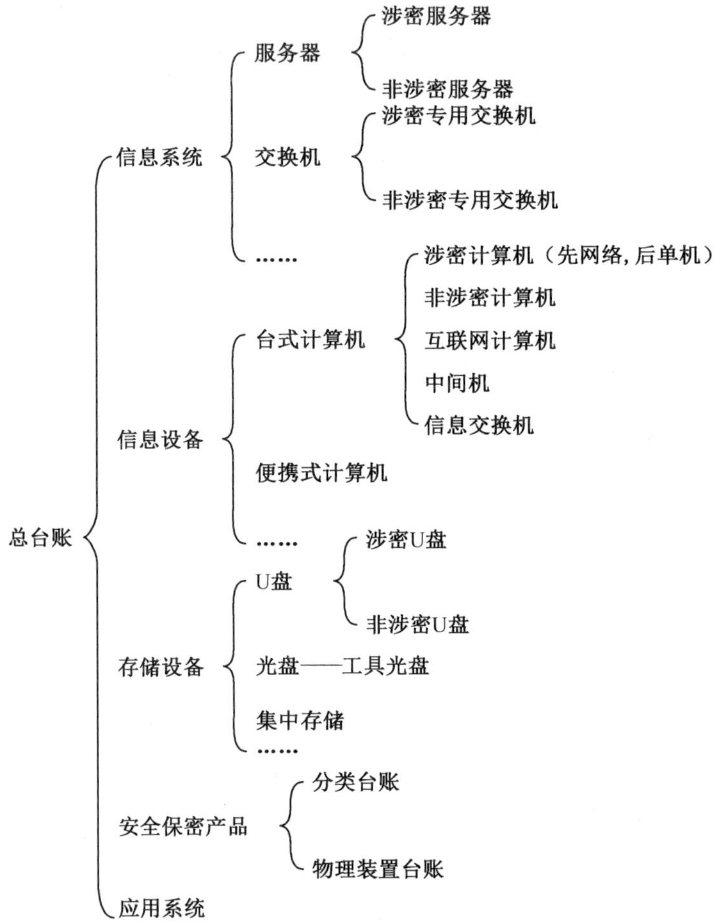

图4.1　台账建立的层次

4.1.2　台账的管理要求

(1)信息化管理部门会同资产管理部门和运行维护机构建立总台账,应当涵盖本单位的各类信息系统、信息设备、存储设备和安全保密产品。单位各部门应当建立相应的分台账。总台账和分台账内容应当吻合,并与实物相符合。

(2)台账应以电子档和文档两种形式存在。台账应当保留一个审查周期,周期内的台账发生变化时应当可追溯。现场审查时应提供纸质台账。

(3)信息化管理部门会同资产管理部门和运行维护机构定期对信息系统、信息设备、存储设备和安全保密产品进行清查、核对。运行维护机构为每台涉密信息设备、涉密存储设备建立单独档案,保存各类审批记录文档,保证所有的涉密信息设备和涉密存储设备的各种管理和控制过程均有据可查。

(4)信息系统、信息设备和存储设备台账中“在用”的界定:只要接入涉密信息系统(单机通电),即视为“在用”。

(5)各类台账模板供参考。

①信息系统、信息设备台账模板见表4.1。

表4.1　信息系统、信息设备台账模板

保密编号	名称	型号	密级	出厂编号	硬盘序列号	责任部门	责任人	放置地点	操作系统安装日期	IP地址	MAC地址	启用时间	刻录光驱	网络端口	使用情况	用途

②存储设备台账模板见表4.2。

表4.2　存储设备台账模板(含运行维护工具光盘)

保密编号	名称	型号	密级	出厂编号	硬盘序列号	责任部门	责任人	放置地点	启用时间	使用情况	用途

③安全保密产品分类台账模板见表4.3。

表4.3　安全保密产品分类台账模板

保密编号	名称	型号	密级	生产厂家	检测证书名称	证书编号	责任部门	责任人	部署位置	用途	启用时间	使用情况

④安全保密产品物理装置台账模板见表4.4。

表4.4　安全保密产品物理装置台账模板

保密编号	名称	型号	密级	生产厂家	责任部门	责任人	部署位置	序列号	用途	启用时间	使用情况

⑤应用系统台账模板见表4.5。

表4.5　应用系统台账模板

序号	名称	版本	密级	用途	责任部门	责任人	用户范围	支撑操作系统	测评日期	备注

⑥软件白名单模板见表4.6。

表4.6　软件白名单模板

序号	名称	版本	密级	用途	提供部门	提供人	用户范围	运行操作系统	备注

4.2　标识的管理

信息系统、信息设备和存储设备应按照处理和存储信息的最高密级建立标识，目的是确保设备与实际情况的准确性及规范管理，并起到警示作用。同样，信息也应有密级标志，且与信息主体不可分离。

4.2.1　设备标识

（1）标识应当由单位信息化管理部门统一确定、制作和管理。

（2）台账所包含的所有设备均须粘贴标识，但键盘、鼠标、信号线、滤波电源插座、电源线等可以不建立标识。

(3)标识或者其他标识方式的内容,应当与台账信息要素符合并具有唯一性(一台设备只有一个标签,每台设备的标签内容应当不同)。标识应不易被涂改、损坏或擦除。

(4)标识应当粘贴在设备的明显位置,并与涉密信息的存储部件相关联。非涉密信息系统服务器、用户终端或信息设备、存储设备应当粘贴保密提醒等警示或提示。

(5)标识形式可以是标签或者其他可区别设备属性信息的图形、颜色等。标识应包括涉密属性、设备的编号(保密编号或序列号)、用途、分类、责任人、责任部门等内容。

(6)部分移动存储设备(如 CF 卡、SD 卡、MS 卡、TF 卡等)如果无法粘贴标识或者粘贴标签后影响使用的,可以采用不可擦除的标记方式(如激光刻录、不可擦除签字笔等)。

(7)专供外出携带的涉密信息设备和涉密存储设备,标签可采用隐去涉密信息标识的标记方式,但应该包括设备的编号(保密编号或序列号)、责任人、责任部门,其涉密属性可采用其他方式进行标识,该标识应当在台账上有明确的定义。

各单位信息化管理部门可结合实际情况,确定标识,标识模板见表 4.7。

表 4.7　标识模板

××设备			
责任部门	××	责任人	××
编号	××	密级	××
用途	××	分类	××
××单位制			

4.2.2　信息标识

涉密信息系统、涉密信息设备和涉密存储设备中存储、处理和传输的涉密信息应当具有密级标志(绝密、机密、秘密),信息密级标志的标注应当遵循以下原则:

(1)处于起草、设计、编辑、修改过程中和已完成的电子文档、图表、图形、图像、数据,首页应标注密级标识。

(2)电子数据文件、图表、图形、图像等涉密信息在首页无法直接标注密级标志的,可将密级标志作为文件名称的一部分进行标注。

(3)在首页无法直接标注密级标志,也不能将密级标志作为文件名称的一部分进行标注时,可以建立涉密文件夹,将密级标志标注在文件夹上。应当将符合要求的涉密信息存放在具有密级标志的文件夹中,同时不违反上述(1)和(2)中的要求。

(4)涉及国家秘密的软件程序、数据库文件、数据文件、音频文件、视频文件等,在软件运行首页、数据视图首页、音频播放首段和影像播映首段应当标注密级标志。

(5)信息在存储、处理、传输过程中都应当具有密级标志,并与信息的涉密等级保持一致。涉密应用系统进行信息交换时,密级标志应当与应用系统准许的涉密等级相符合。信息在打印、刻录、拷贝等输出操作时,确保输出后的载体具有与源信息涉密等级相同的密级标志。

(6)涉密信息设备和涉密存储设备中存储的是没有密级标志的电子文档、图表、图形、图像、数据等,无法判定其内容是否涉及国家秘密的,应当参照《国家秘密事项范围细目》和项目合同进行判断。

第5章　信息系统、信息设备和存储设备的安全保密管理

5.1　信息系统的安全保密管理

5.1.1　信息系统测评和风险评估

5.1.1.1　测评和风险评估的基本概念

涉密信息系统测评是指由国家保密行政管理部门设立或授权的测评机构根据现行分级保护要求，经资料审查、现场考察、制定测评方案、现场检测、检测结果分析、专家评估、给出测评结论等流程对建设使用单位的涉密信息系统开展的安全保密检查过程。

涉密信息系统风险评估是对信息及信息处理设施的威胁、影响、脆弱性及三者发生可能性的评估，是识别信息系统安全风险，确定风险出现概率、影响结果，综合平衡风险和代价的过程。

通过涉密信息系统测评或风险评估取得"涉密信息系统审查合格证"，它是武器装备科研生产单位提交《武器装备科研生产单位保密资格申请书》的前提条件。

涉密信息系统测评和风险评估的区别与联系见表5.1。

表5.1　涉密信息系统测评和风险评估的区别与联系

项目	测评	风险评估	风险自评估	备注
主管机关	国家保密行政管理部门		涉密信息系统建设使用单位	风险自评估也可以委托测评实验室进行
文件	分级保护管理办法			
标准体系	国家保密标准（BMB，强制执行）			
对象	涉密信息系统			
触发条件	涉密信息系统建设完成，投入使用前	取得"涉密信息系统审查合格证"并已投入涉密运行的涉密信息系统，每两年进行一次风险评估	机密级、秘密级信息系统每年进行一次风险自评估	由国家保密科技测评中心及其授权的分测评机构出具的风险评估结论，可视为涉密信息系统建设使用单位的风险自评估结论

表 5.1(续)

项目	测评	风险评估	风险自评估	备注
测评工作主体	国家保密行政管理部门设立或授权的测评机构		与涉密信息系统运行维护直接相关的技术人员与管理人员	

5.1.1.2　测评和风险评估与保密资格认定的关系

涉密信息系统测评和风险评估与保密资格认定对照表见表 5.2。

表 5.2　涉密信息系统测评和风险评估与保密资格认定对照表

	分级保护测评	认定现场审查
主管机关	国家保密行政管理部门	国家保密资格认定委员会
文件	分级保护管理办法	认定管理办法
标准体系	国家保密标准 (BMB,强制执行)	认定标准 (《武器装备科研生产单位保密资格认定办法》)
对象	涉密信息系统	军工单位,信息系统、信息设备和存储设备管理作为其中的重要组成部分
检查内容	仅限于涉密信息系统,获得“涉密信息系统审查合格证”是通过认定的前提条件	单位保密管理体系及能力,涉及安全保密管理、非涉密系统、涉密系统
级别划分	绝密级 机密级 秘密级	一级,可承担绝密级任务 二级,可承担机密级任务 三级,可承担秘密级任务
队伍	国家保密行政管理部门设立或授权的测评机构	国家保密资格审查认定委员会从专家库抽调

国家保密资格认定委员会由国家保密局、国家国防科技工业局和中央军委装备发展部联合组成,负责全国武器装备科研生产保密资格认定工作。

武器装备科研生产单位在承担武器装备科研生产任务前,首先须获得武器装备科研生产单位保密资格。保密资格的取得须经历测评和武器装备科研生产单位保密资格认定两个阶段,共涉及 1 个函(关于申请涉密信息系统测评审查的函)、1 份申请书(涉密信息系统测评审查申请书)、1 个评估意见(涉密信息系统测评审查自评估意见)、1 个报告(××涉密信息系统测评报告)和 2 个证书(涉密信息系统审查合格证、保密资格单位证书)。与武器装备科研生产单位保密资格直接相关的文件如图 5.1 所示。

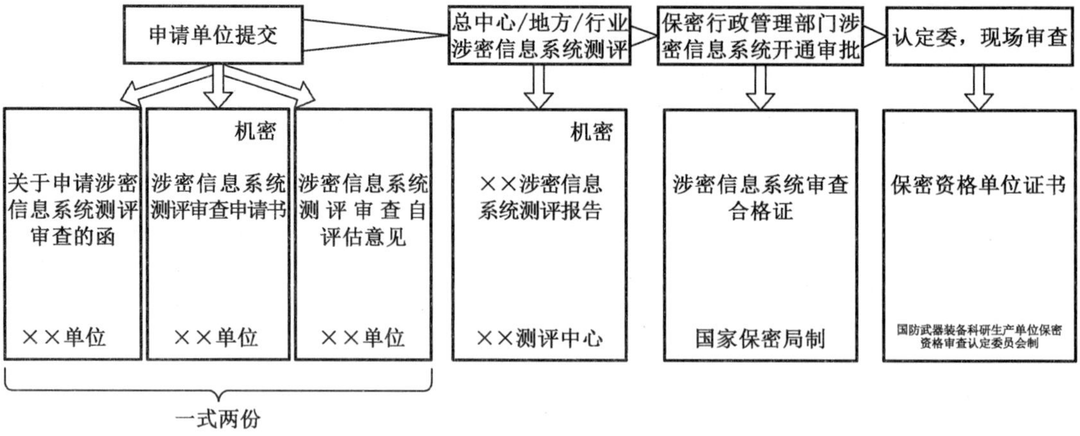

图 5.1　与武器装备科研生产单位保密资格直接相关的文件

5.1.1.3　测评(风险评估)

1. 系统定级

涉密信息系统按照所处理信息的最高密级,由低到高划分为秘密、机密和绝密三个等级。

涉密信息系统建设使用单位应根据系统所处理信息的最高密级,依据分级保护标准确定涉密信息系统的保护等级。军工单位确定等级应由本单位保密委员会明确发文界定(多法人共用的涉密信息系统,建议多法人各自发文确认),并报上级主管单位审批。对于包含多个安全域的涉密信息系统,可分别确定各安全域的保护等级,并采取相应的安全保密措施。当涉密信息系统处理信息的密级和应用情况发生变化时,应重新确定保护等级,并按相应等级保护要求调整保护措施。

安全域划分时应综合考虑以下因素:

(1)处理信息的密级:一般可将系统中处理不同密级信息的部分划分为不同的安全域。

(2)行政级别:一般可将涉密信息系统内属于不同行政级别的部门划分为不同的安全域。

(3)功能区:一般可将服务器区、安全保密监控管理区、信息交换区等划分为不同的安全域。

(4)信息交换需求:一般可根据系统建设使用单位的组织机构,将不同信息交换需求的用户终端划分在不同的安全域。

(5)其他因素,如地域因素、业务类别等。

根据单位重要性、系统中涉密信息的数量与含量、信息系统的重要程度和建设使用单位对信息系统的依赖程度等因素,确定是否采取增强保护措施。

2. 系统方案设计

涉密信息系统建设使用单位依据分级保护方案设计指南、分级保护技术要求和分级保护管理规范进行系统方案设计,可自行开展方案设计,也可选择具有相应涉密资质的承建单位承担或参与涉密信息系统的方案设计。在方案设计前，首先进行风险评估，根据评估结果确定应采取的保护措施，增强分级保护的针对性。

（1）涉密信息系统分级保护方案应从以下方面开展设计：

①系统及其安全域定级：确定系统及各安全域的保护等级，并明确相应的保护要求。

②系统分析：对系统建设使用单位情况、物理环境、网络平台、硬件设备、软件、信息资源与应用系统、系统管理情况等进行分析。

③安全保密风险分析：对系统在安全保密方面存在的脆弱性和面临的威胁进行分析，并确定系统的安全保密风险。

④安全保密需求分析：针对系统的安全保密风险，从技术和管理两方面分析并确定系统的安全保密需求。

⑤方案总体设计：提出安全保密建设目标、设计原则与依据、系统安全保密防护体系、安全域划分与定级、保护要求调整与确定等方面的总体设计。

⑥方案详细设计：从物理安全、运行安全、信息安全保密、安全保密管理、产品选型等方面进行方案的详细设计。

⑦残留风险控制：对照分级保护标准要求，指出方案实施后在安全保密方面仍然存在的残留风险，并提出残留风险的规避措施。

⑧实施计划：合理安排工程组织、任务分工和进度。

⑨经费概算：包括总经费和分项经费说明。

⑩相关附件：包括方案设计及相关单位基本情况和资质证书、产品资质证书等。

在方案设计阶段，应严格按照国家相关要求，选择具有相应涉密资质的承建单位承担或参与涉密信息系统的系统集成、系统咨询、软件开发、综合布线、安防监控、屏蔽室建设、运行维护、数据恢复、工程监理等。

（2）涉密信息系统集成资质分为甲级、乙级和单项三种。涉密信息系统建设使用单位应按照下列原则选择相应的承建单位：

①副省部级（含）以上单位的涉密信息系统或安全保密技术要求较高的涉密信息系统，应优先选择甲级资质单位。

②涉密信息系统建设使用单位在选择乙级资质单位时，应选择本省、自治区、直辖市所辖行政区域内的乙级资质单位。

③涉密信息系统的软件开发、综合布线、系统服务、系统咨询、屏蔽室建设、风险评估、工程监理、数据恢复和保密安防监控等单项业务，应选择具有相应单项资质的单位承担。

保密部门须参与方案设计审查论证，在系统总体安全保密性方面加强指导，严格把关。

处理涉密信息的单台计算机，应当根据所处理信息的最高密级，按照相应等级涉密信息系统的有关要求进行保护和管理。

涉密信息系统建设使用单位应对系统设计方案组织评审，书面告知保密行政管理部门，并指派技术专家参加论证。

涉及虚拟化技术应用、工控、无线等专用信息系统、信息设备接入的，需要编制专门的安全保密方案，经过本单位或者上级主管单位组织的专家评审会评审通过后，报国家保密行政管理部门审查，并根据评审和审查意见进行修改完善，同时应确保方案文档和实施现场的一致性。详见“专用系统或设备管理要求”一节（5.1.4）。

3. 系统建设

工程实施前，须根据工程的具体情况划定保密范围。建设选址须在可控的安全区域内，远离涉外场所、对外服务的公共场所，以及公用区的场地或部位，执行相应的保密措施和保密控制流程，严格控制涉密信息接触人员范围。

在工程实施期间，应按照分级保护要求进行工程监理。在进行工程监理时，应选择具有涉密工程监理单项资质的单位或组织自身力量在安全保密控制、质量控制、进度控制、成本控制、合同管理和文档管理六个方面加强监督检查。

涉密信息系统的建设必须同步规划落实相应的安全保密策略及设施设备，所设置的相关安全保密管理策略和采取的安全保密防护措施应符合国家保密行政管理部门发布的分级保护标准等相关标准和规定，经过相应的审核、审批，并和所处理信息的密级要求相一致。

涉密信息系统须具备完整的拓扑结构图。拓扑结构图应当包含从核心、汇聚到楼层接入交换机（楼层接入交换机可以部分省略）的全部设备，包括但不限于所有的服务器、安全保密产品、备份存储设备等，以及网络连接的线路和对应的 IP 地址，并且注明每一个安全域的边界。拓扑结构图应当与涉密信息系统实际部署情况一致。

4. 系统测评（风险评估）

涉密信息系统工程施工结束后，须向国家（地方）保密行政管理部门提出申请，由国家（地方）保密行政管理部门安排系统测评机构对涉密信息系统进行安全保密测评，系统全面地验证所采取的安全保密措施能否满足安全保密需求和安全目标，为涉密信息系统审批提供依据。单位须按照系统测评机构的要求，提交测评所需的必要资料。

系统测评的类型主要包括分级保护测评和应用系统测评。

（1）分级保护测评：新建的涉密信息系统只有通过涉密信息系统分级保护测评，取得“涉密信息系统审查合格证”后，方可开通，正式运行。

对于已获得“涉密信息系统审查合格证”的单位应定期（原则上每两年）提出风险评估申请，只有通过涉密信息系统安全保密风险评估后，涉密信息系统方可继续运行。

（2）应用系统测评：在涉密信息系统开通运行以后，如果新建应用系统，在该系统正式上线运行以前，必须向国家保密行政管理部门提出应用系统测评申请，待该应用系统通过测评后，方可正式上线运行。

5. 系统审批

涉密信息系统须通过国家保密行政管理部门审批后方可投入使用。未经保密行政主管部门的审批，涉密信息系统不得投入运行。单位在收到测评报告或风险评估报告后一个月内完成整改，并向国家保密行政主管部门提交整改报告，申请或换发“涉密信息系统审查合格证”。

6. 系统运行

涉密信息系统经过审批投入运行后，严格按照保密法律法规和标准规范要求，明确安全策略、管理制度和操作规程，并组建相应的安全保密管理机构，设置安全保密管理人员，从人员管理、物理环境与设施管理、设备与介质管理、运行与开发管理、信息保密管理等方面进行日常安全保密管理，应建立健全工作记录和日志文档，并妥善保存，运行维护工作的操作内容和处理过程应留有记录。

涉密信息系统经过审批投入运行后，应定期进行风险自评估，分析由于系统需求及技术与管理因素变化而新出现的安全威胁，动态调整安全策略，适时补充和完善技术与管理措施，以使系统保持与等级要求相一致的防护水平。风险自评估过程中形成的有关数据、记录和评估报告，应及时定密并按照相应密级文件进行管理。风险自评估也可委托有资质的单位开展。

涉密信息系统建设使用单位应加强对涉密信息系统的管理，任何组织和个人不得有下列所述禁止行为：

（1）禁止将涉密信息系统、信息设备和存储设备接入（含直接或间接）互联网及其他公共信息网络（有线电话网、有线电视网、微波通信网、移动通信网等）。

（2）禁止在未采取防护措施的情况下，在涉密信息系统、信息设备和存储设备与互联网及其他公共信息网络之间进行信息交换。

（3）禁止使用非涉密信息系统、信息设备和存储设备（无论是否连接互联网）存储、处理、传输国家秘密信息。

（4）禁止在未采取保密措施的有线或者无线通信中传递国家秘密。

（5）禁止未经安全技术处理，将退出使用的涉密信息设备、涉密存储设备赠送、出售、丢弃或者改作其他用途。

（6）禁止擅自卸载、修改涉密信息系统、信息设备和存储设备的安全技术程序、管理程序。

（7）禁止修改、删除涉密计算机保密技术防护专用系统的监控程序报警回联地址。

（8）禁止擅自访问、下载、存储、传输知悉范围以外的国家秘密。

（9）禁止擅自扫描或者检测涉密信息系统的网络基础设施、安全保密产品和应用系统等。

（10）禁止故意隐藏信息系统、信息设备和存储设备，规避安全保密管理要求。

（11）禁止未经审批更换涉密服务器、涉密计算机硬盘，或重装操作系统；年度内经过审批重装系统和更换硬盘的设备数量不得超过涉密信息设备总数的20%；保密认定现场审查前6个月内涉密计算机、信息交换机、中间机、涉密便携式计算机更换硬盘和重装系统数量不得超过其各自总数的20%。

（12）涉密信息系统、信息设备和存储设备不得存储、处理或传输高于其设备涉密等级的涉密信息。

（13）涉密信息系统、信息设备和存储设备不得具有无线通信功能/模块，不得连接具有无线通信功能的外部设备或部件。

（14）禁止委托无相应资质的单位承担涉密信息系统集成工作（含系统集成、软件开发、综合布线、安防监控、屏蔽室建设、系统咨询、工程监理、运行维护、数据恢复），且不得由境外企业（公司）或独资、合资企业（公司）承担。

（15）禁止将安防监控（安全传感器系统除外）、消防、智能楼宇等系统和设备接入国密网。

（16）禁止涉密信息系统和信息设备与其他非涉密信息系统（门禁、考勤、用餐卡等）共用身份鉴别物理装置。

（17）涉密信息系统、信息设备和存储设备应当按照规定程序进行维修和报废，禁止维修人员恢复、读取和复制待修设备中的涉密信息，禁止通过远程维护和远程监控对涉密信息设备进行维修。

(18)国家保密行政管理部门禁止使用的软件、硬件等设备产品严禁在涉密信息系统、信息设备和存储设备中使用。

(19)禁止携带手机等无线通信设备(含智能手环、手表等),以及与工作无关的具有录音、录像、拍照、信息存储等功能的设备进入主机房。

提示:保密认定时会查验信息系统是否取得“涉密信息系统审查合格证”。风险评估的周期为2年,应该特别注意提前向测评机构提交申请,不要等到2年到了才启动,建议至少提前3个月。

7. 系统变更

涉密信息系统取得合格证后,涉及事项发生重大变化时,应当及时向上级主管单位(没有上级主管单位的,报当地保密行政管理部门)报告,根据国家保密行政管理部门的综合评估结果重新接受测评或者风险评估。涉及重大变化事项如下:

(1)需要整网重新测评的

密级或保护等级上调的;边界安全防护措施、安全域划分等变化导致系统原有网络拓扑结构发生重大变化的;跨不可控区域密码保护等措施发生重大变化或者失效的;两个或两个以上涉密信息系统合并的;其他变化可能导致整个涉密信息系统出现系统性安全保密风险的。

(2)需要对变化部分及其相关部分进行测评审查的

新增涉密应用系统(包括原有涉密应用系统升级改造或者其部署方式发生重大变化),或者新增与涉密应用系统直接进行信息交换的非涉密应用系统的;新增信息单向(双单向)导入系统的;新增涉密信息系统互联互通相关的接入区、公共服务区等安全域的;系统所在楼宇、机房所在房间等物理环境发生变化的;系统周边物理环境发生重大变化的;新增跨不可控区域的接入节点的;接入终端数超出系统规划终端总数或终端连接范围超出系统使用范围的;其他变化可能导致系统出现局部性安全保密风险的。

(3)上报备案后即可投入使用的

新增与涉密应用系统无直接信息交换的非涉密信息系统的;新增终端未超出系统连接范围、所采取的防护措施与审查通过的终端防护措施一致,且接入终端数未超出系统规划终端数的;系统建设使用单位、保密责任部门或运行维护责任部门名称发生变化的;重新测评或者风险评估通过后继续取得国家保密行政管理部门换发的“涉密信息系统审查合格证”的;等等。

8. 系统废止

涉密信息系统不再使用时,应向负责该系统审批的保密工作部门备案,并按照有关保密规定妥善处理涉及国家秘密信息的设备、产品、介质和文档资料。

对需要报废处理的涉密设备和涉密介质,须进行信息消除和载体销毁处理,所采用的技术、设备和措施要符合相关标准和规定,防止失泄密事件的发生。

涉密信息系统中的应用系统不再使用时,信息化运行维护机构应向信息化管理部门、保密部门和分管业务负责人提出应用系统停用或废止申请,待审批通过后,由信息化运行维护机构做好业务数据的备份,断开相关设备的网络连接,并进行信息消除,及时关闭相关安全保密产品及网络设备的策略,并退还设备。

9. 多单位共用一个信息系统

多单位共用一个涉密信息系统,须明确涉密信息系统运行维护的主体责任单位;其他使用涉密信息系统的单位应当与其签订运行维护委托协议和保密协议，并配置相应的管理和运行维护人员（至少各配备1人），协助运行维护工作。各单位在涉密信息系统中应当划分独立的安全域，并有符合保密要求的技术措施，以实现边界防护和访问控制。

5.1.2　安全保密技术防护

5.1.2.1　安全保密产品相关管理要求

1. 选型

安全保密产品一般分为计算机病毒与恶意代码防护产品、信息安全保密产品和电磁泄漏发射防护产品。

涉密信息系统、信息设备和存储设备使用的安全保密产品原则上应为国产，并获得国家相关主管部门的批准。计算机病毒与恶意代码防治产品应当获得国家公安部门批准，密码产品应当获得国家密码管理部门批准，其他安全保密产品应获得国家保密行政管理部门批准。

在选择安全保密产品时，应当查验生产厂商提供的国家相关主管部门授权测评机构的检测证书和检测报告，确认安全保密产品的名称、型号、版本、序列号和保护功能与检测报告和证书一致，并在有效期内。

安装安全保密产品、病毒和恶意代码防护等工具时，产品和工具自带扫描或者检测涉密信息系统的网络基础设施、安全保密产品及应用系统功能的，应当禁止使用相应的功能。

安全保密产品的证书在采购时没过有效期即可。使用过程中证书过期的安全保密产品可进行评估分析，评估分析主要包含两个方面：其一是国家保密局有无明确文件通知废止，其二是是否满足现有使用的功能需求，如果没有上述问题则可以继续使用。

需注意的是，上述是否满足保密要求和使用要求，不是让安全保密产品的制造商或者经销商确认的，而是需要使用单位三员根据单位的涉密信息系统安全保密方案和要求，并结合使用需求确认的。

2. 申领

安全保密产品是由单位负责采购的符合要求资质的产品，由信息化运行维护机构根据单位的信息安全体系架构合理部署。接入涉密信息系统的安全保密产品须在办理入网审批后方可使用，如安全审计、边界控制与防护、入侵检测和漏洞扫描等产品。用户终端用安全保密产品由所在部门提出申请，安全保密员统一配置、安装调试。所配备的安全保密产品应纳入台账管理。

采购安全保密产品时应该对产品进行功能验证，避免失效或者功能不符合要求。导致安全保密产品失效或者功能不符合要求的情况主要有以下几种：其一是买到了假货或者山寨货；其二是在代理商处采购，但代理商并未联系原厂商采购最新的有资质的版本；其三是轻信厂家虚假宣传，买到了功能不满足实际需求的产品，或者功能满足需求但不符合安全保密要求的产品。

安全保密产品的采购和配置的申请表单可以参考“配置”一节（5.2.1.3）的审批表单模板。

3. 使用

安全保密产品应当按照保密要求管理和使用。安全保密管理员应当根据产品的功能和安全策略要求进行部署,并进行相关策略配置,未经信息化管理部门批准,不得变更部署和策略配置。

安全保密产品不适用、不能安装或者安装后严重影响涉密信息系统和涉密信息设备使用的,经过信息化管理部门和保密工作机构批准,可以不安装,但应当采取其他物理或技术手段增强防护,制定专项管理制度,并加强监督和审计。

禁止擅自卸载、修改涉密信息系统、涉密信息设备和涉密存储设备的安全技术程序和管理程序。

禁止擅自扫描或者检测涉密信息系统的网络基础设施、安全保密产品和应用系统等。

运行维护机构应当每半年对安全保密产品的部署情况、策略设置和工作状态进行检查并记录。

提示:调整安全保密产品策略必须经过保密工作机构的批准。安全保密产品的部署方式要与检测报告一致。使用漏洞扫描系统对涉密信息系统的网络基础设施、安全保密产品,以及应用系统进行扫描时需要有审批依据。安全保密产品授权数不足时应当提前考虑采购,如每年新进员工到岗前应及时申请相应的安全保密产品授权。安全保密产品卸载一定要有审批,重点关注运行维护机构在调试服务器时的卸载操作。

与端口开放、设备接入变更有关的策略调整表单可参考“软硬件拆卸安装”一节(5.2.5)中的审批表单。

其他安全保密产品的策略变更、调整和安装拆卸可参考下面的审批表单。

(1)防火墙策略变更申请表见表5.3。

表5.3　防火墙策略变更申请表

<table>
<tr><td>申请人</td><td></td><td>所属部门</td><td></td><td>密级</td><td></td><td>身份证号</td><td></td></tr>
<tr><td>设备责任人</td><td></td><td>所属部门</td><td></td><td>密级</td><td></td><td>身份证号</td><td></td></tr>
<tr><td colspan="2">现有设备信息</td><td colspan="6">设备类型:　　　　　　设备名称:
出厂编号:　　　　　　放置位置:
硬盘序列号:　　　　　IP 地址:</td></tr>
<tr><td colspan="2">防火墙策略</td><td colspan="6">申请原因:
申请开放的策略:
调整时间范围:□ 长期　□　　年　月　日至　　年　月　日</td></tr>
<tr><td colspan="2">申请部门负责人</td><td colspan="6">意见:
签名:　　　　　　时间:</td></tr>
<tr><td colspan="2">信息化管理部门</td><td colspan="6">意见:
签名:　　　　　　时间:</td></tr>
</table>

表 5.3(续)

<table>
<tr><td>保密管理部门</td><td>意见：
签名：　　　　时间：</td></tr>
<tr><td>安全保密管理员</td><td>操作记录：
(注释：须写明开通时间、关闭时间及具体调整措施)
签名：　　　　时间：</td></tr>
</table>

说明：本表适用于开通防火墙策略。

(2)其他安全策略调整申请表见表 5.4。

表 5.4　其他安全策略调整申请表

<table>
<tr><td>申请人</td><td></td><td>所属部门</td><td></td><td>密级</td><td></td><td>身份证号</td><td></td></tr>
<tr><td>设备责任人</td><td></td><td>所属部门</td><td></td><td>密级</td><td></td><td>身份证号</td><td></td></tr>
<tr><td colspan="2">现有设备信息</td><td colspan="6">设备类型：　　　　设备名称：
出厂编号：　　　　放置位置：
硬盘序列号：　　　　IP 地址：</td></tr>
<tr><td colspan="2">申请调整安全防护措施的原因</td><td colspan="6">安全策略调整原因：
调整方式：
□ 新增安全防护措施　□ 安全防护措施卸载　□ 安全防护措施调整
安全防护措施调整内容：
调整时间范围：□ 长期　□　　　年　月　日至　　年　月　日
附件：
(注释：调整或卸载安全防护措施，须提供专门的安全产品对应管理制度、保护策略、控制措施作为附件)</td></tr>
<tr><td colspan="2">申请部门负责人</td><td colspan="6">意见：
签名：　　　　时间：</td></tr>
<tr><td colspan="2">信息化管理部门</td><td colspan="6">意见：
签名：　　　　时间：</td></tr>
<tr><td colspan="2">保密管理部门</td><td colspan="6">意见：
签名：　　　　时间：</td></tr>
<tr><td colspan="2">安全保密管理员</td><td colspan="6">操作记录：
(注释：须写明开通时间、关闭时间及具体调整措施)
签名：　　　　时间：</td></tr>
</table>

说明：本表适用于开通操作系统管理员权限、新增裁剪安全防护措施。

4. 变更

安全保密产品发生变更的，应具有相应的审批程序，如产品密级、责任人、存放地点和使用用途发生变化，审批后再进行相应的调整。如涉及安全保密产品进行更换的，在更换前应做好调研工作，确保新更换的产品符合安全保密相关要求，同时具有良好的可用性，如条件具备，可提前进行功能测试。

安全保密产品责任人变更后应及时更换相应的管理员密码。

5. 维修

安全保密产品发生故障应当及时维修，不能维修的应当及时更换，确保安全保密产品始终处于正常的运行状态。安全保密产品含有存储部件的，拆除前不得送外维修。

安全保密产品发生故障的维修流程和过程可以参考“维修”一节（5.2.1.5）的审批表单。

6. 退网、停用、报废

安全保密产品的退网、停用、报废参照涉密计算机的管理方法执行。

安全保密产品退网、停用、报废的流程和过程可以参考“报废”一节（5.2.1.6）的审批表单。

7. 销毁

报废的安全产品和维修产生的涉密存储部件应按照安全保密要求进行管理，涉密存储部件应建立台账并按照要求进行销毁。密码产品应按照国家密码管理要求进行设备处置。

安全保密产品的销毁流程和过程可以参考“销毁”一节（5.2.1.7）的审批表单。

5.1.2.2 安全保密技术防护策略要求

涉密信息系统的安全防护应当保障计算机及其相关配置的设备的安全，运行环境的安全，保障信息的安全，保障计算机功能的正常发挥，以维护信息系统的安全运行。

涉密信息系统的数据在存储和传输过程中，既要保障数据的完整性，做到不错序、不被篡改等；又要保障数据的可用性，做到不丢失、不破坏、不中断等；还要保障数据的机密性，做到不泄露、不被窃取等。涉密业务不仅要求可用，而且要求稳定可靠。

为了保护涉密信息的可用性、完整性、机密性、可靠性等，依据国家保密规定和标准制定分级保护方案，采取符合要求的安全防护技术措施。为了保护信息系统的安全，必须要结合网络的具体需求，把多种安全措施进行总结，建立一个立体的、全面的、多层次网络安全防御系统。

1. 技术防护分类

常见的技术防护分类如下。

（1）物理安全

通过物理隔离、电磁泄漏防护装置（屏蔽双绞线、视频干扰器、红黑电源隔离滤波器、红黑电源隔离插座、线路传导干扰器）、机房安全（屏蔽机房、屏蔽机柜）、监控摄像、物理环境监控等技术手段，保障涉密信息系统线路和设备等硬件设施正常运行。防止涉密信息通过物理设备等硬件设施外泄。

（2）网络安全

通过建设统一数字证书认证（PKI/CA）、划分安全域、控制边界防护（防火墙）、准入控制、统一时间源（配置 NTP 服务器）、部署入侵检测、漏洞扫描、网络审计、网络加密机等安全系统,确保数据本地、异地协同传输的完整性和可靠性。及时排除信息在网络传输过程中存在的泄密隐患。

(3)主机安全

通过信息设备违规外联控制("三合一"系统)、文件加密技术(电子文档安全管理系统)、打印安全审计、刻录安全审计、涉密计算机端口控制(主机审计系统)和操作系统安全防护(指纹仪 + 数字证书)等技术手段,实现对用户操作行为的记录、留证和追溯,保障涉密终端的信息安全。防止涉密终端因非授权操作造成泄密。

(4)应用安全

通过涉密应用系统与统一身份认证系统的集成和分权分域管理,对用户操作行为进行监控,采用数据库审计系统对底层数据库进行监控与审计,对数据进行密级流向控制。保障涉密应用系统和数据的安全,对关键数据建立本地和异地备份与恢复机制。防止应用系统和数据库由于病毒或恶意攻击等原因造成数据丢失和泄密。

(5)运行安全

综合运用多种技术手段实现生理特征识别、堡垒机和病毒防护等功能,确保信息系统运行安全。备份与恢复(关键数据备份、关键设备备份、传输线路、支持保障系统、备份环境安全)、系统安全性保护(恶意代码与计算机病毒防护、软件安装管理、补丁管理)、定期进行备份恢复演练,制定突发事件应急预案,避免整体出现重大、突发故障。

典型安全体系如图 5.2 所示。

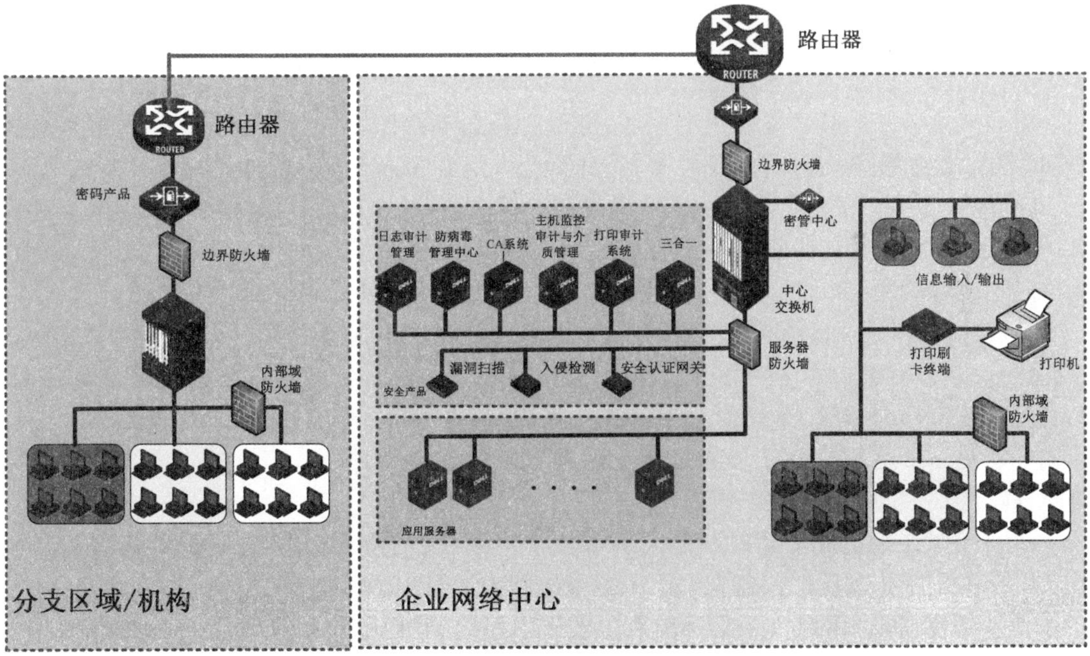

图 5.2　典型安全体系图

2. 安全保密技术防护策略

安全保密技术防护策略主要有如下几种。

(1)病毒防治

信息系统、信息设备和存储设备中的服务器与计算机都须部署安装防病毒系统,其中涉密信息系统内部署的防病毒系统服务器须按照安全策略规定部署病毒防范策略和病毒库的同步升级策略,防病毒系统服务器控制系统内用户终端的策略与升级;单机(含便携式计算机)也须安装防病毒系统。

①运行维护机构应当及时更新病毒与恶意代码防护产品特征库,涉密信息系统至少每周更新1次,单台涉密计算机至少每两周更新1次。应当定期对病毒和恶意代码进行查杀(每个月不少于1次),并及时清除病毒隔离区。

②所采取的防护措施应能够防止计算机病毒或恶意代码通过网络、电子邮件及其附件和移动存储介质等途径进行传播,不得通过互联网进行在线更新。

③每月病毒报警数量超过规定次数则应对病毒爆发进行分析并报告信息化主管部门;单台计算机只要发生病毒报警则应进行病毒分析处理。

④防病毒软件的各种日志至少保存6个月。

⑤安全保密管理员定期对用户信息进行清理,确保与实际的用户状况一致。

⑥根据整体安全防护要求,设置开机查杀策略。定时查杀为全盘查杀,发现病毒应立即清除,当清除隔离病毒失败时应删除文件。不允许用户忽略病毒报警或者退出防病毒系统。

通过防病毒软件的控制台可以实现全网病毒趋势的统计分析、客户端安装状态查看、客户端扫描事件查看等功能。通过这些功能可以查看全网病毒集中于什么时间段爆发,可判断用户端是否安装防病毒客户端程序、是否更新病毒特征库、上线及离线状态,可查看客户端每月手动查杀与定时查杀日志状态等信息。

归库、维修、待报废等涉密计算机和信息系统用户终端,以及集中管理的便携式计算机,长期不使用的,可在重新启用或者借用时再更新特征库,同时进行病毒与恶意代码查杀后再启用或者借用。

防病毒软件容易出问题的四个地方:一是用户忽略病毒报警或者退出防病毒系统策略的配置;二是没有进行月度病毒的处理情况,以及和上几个月度的病毒类型对比分析;三是忽略控制台日志中卸载防病毒产品的日志(重装系统并不会产生此类日志,在控制台中有卸载日志的需要有审批手续,如果没有需说明合理理由备查并写入审计报告中);四是关闭防病毒软件自带的漏洞扫描功能(部分产品有此功能)。

遇到疑似误报情况应及时联系防病毒软件厂家,发送病毒样本进行确认,必要时可出具纸质说明或者传真备案(须有防病毒系统软件制造商的公章)。

对存在病毒的用户终端、服务器要及时核实处理,查实文件来源;对于存在可能大规模爆发的蠕虫之类的染毒信息设备,须立即给予断网处理;对于一种防病毒系统不能查杀的顽固性病毒,可以利用专杀工具等辅助杀毒措施,经过安全性检查符合要求后方能使用,或者采取格式化硬盘、重装操作系统等措施。所有处理操作均须做好处理记录。

(2)身份鉴别

涉密信息系统的服务器、用户终端、应用系统、数据库和涉密计算机等信息设备,应当建立符合国家保密要求且唯一有效的身份鉴别机制,确保用户主体对客体访问的唯一性,同时具备鉴别技术的复杂性。

身份认证系统应部署在独立的安全域。身份认证系统与应用系统服务器连接的方式应符合其批复的连接方式，并设置访问控制策略，保证应用系统用户必须通过身份认证系统的认证后才能访问。禁止用户直接访问应用系统。身份认证系统应实现有效的身份鉴别及超时重连接的功能，须采取符合要求且唯一有效的、具有鉴别技术复杂性的身份鉴别机制。如果没有符合要求的身份鉴别产品，则应当采取设备自身能够提供的最高强度的身份鉴别方式。

身份鉴别策略主要要求包括：

①身份鉴别方式须采用USB KEY加PIN码、生理特征识别等。PIN码应当根据涉密等级，设置应符合长度和复杂性要求，并定期更换。用户身份鉴别成功后，若空闲操作时间超过规定，应当重新进行身份鉴别。

PKI/CA作为信息安全基础设施的一个重要组成部分，是目前同时解决身份认证、访问控制、信息保密和抗抵赖最好的方法，是目前能够全面解决信息安全三要素——保密性、完整性和可用性较好的技术措施。PKI/CA身份认证体系一般由数字证书签发服务平台、数字证书应用安全支撑平台和数字证书综合监管平台组成。数字证书签发服务平台由根CA中心、二级CA中心和RA注册审核中心构成，主要功能是为机构、用户、设备和应用系统发放数字证书，实现支持RSA和SM2算法数字证书的签发、更新、作废等全生命周期的管理，解决可信身份管理问题。数字证书应用安全支撑平台由终端安全登录系统、安全认证网关系统和签名验证系统（可选）等部分组成，主要为操作系统、业务应用系统提供基于数字证书应用的安全支撑服务，用于增强身份认证、数字签名、通信保密和访问控制等。数字证书综合监管平台由一级证书综合监管中心和二级证书综合监管中心组成。监管中心分为数字证书备案系统和数字证书综合审计系统两部分。

可采用三级架构部署方式，采用CA数字证书作为用户全网唯一标识来表示用户身份。用户的数字证书由二级CA系统统一生成。

②身份鉴别机制的用户身份标识符（用户名和口令，以及承载用户名和口令的USB KEY）由系统管理员统一生成并发放，确保全生命周期内的唯一性。用户身份标识符应与安全审计关联。"三员"未经授权不得获取他人的身份鉴别信息。

③涉密信息系统、信息设备须设置BIOS启动口令（区分管理员和用户），其口令的长度、复杂性应当符合国家保密标准规定。BIOS允许长度无法满足国家相关保密标准要求的，按照允许的长度设满为止。系统管理BIOS口令由单位内部运行维护人员统一管控。禁止以任何方式停止、复原或绕过BIOS，直接引导操作系统。

将硬盘设置为唯一启动设备，关闭其余启动设备（关闭不了的一律设置为硬盘）。在BIOS中禁用串口、并口、光驱等非必要端口（信息交换设备的光驱除外）。

④涉密信息系统采用域控模式管理时，应设置有效的域控策略，绑定用户账户登录主机。不得擅自开放涉密计算机的"本地用户登录"，本地登录的用户身份标识符和口令应当由系统管理员控制。

⑤身份鉴别物理装置参照国家秘密载体的要求存放管理，未经批准不得带出工作场所。用户须妥善保管本人的身份鉴别物理装置，确保不被偷盗或者冒用。

⑥涉密人员岗位和密级变化时须及时调整身份鉴别措施，离休、退休、离岗、离职前，应上交本人的IC卡、USB KEY、指纹仪等身份鉴别物理装置。

(3)访问控制

访问控制是防止涉密信息系统、涉密信息设备和涉密存储设备中的资源(如计算机资源、网络设备资源、通信资源或信息资源等)被非授权访问和使用。例如,非法用户进入系统,合法用户对系统资源的非授权使用、泄露、修改、销毁信息和颁发指令等。访问控制是涉密信息系统安全防护技术措施的关键也是难点,因其涉及多个安全保密产品,也是安全防护措施中最容易出现问题的地方。访问控制措施主要涉及的安全保密产品有防火墙、接入控制、网闸等,以及交换机的策略设定。

访问控制策略主要要求包括:

①应当涵盖网络层、应用层、操作系统层多个层面。

在网络层面,应根据国家秘密的知悉范围实现涉密信息系统内主体对客体的访问授权,防止信息设备、存储设备的非授权接入和涉密信息的非授权获取,不同安全域之间不得直接互访,主要通过交换机 ACL 列表和防火墙的安全策略来实现。采取网络接口控制技术,防止非法设备的接入,主要通过接入控制系统实现,如果没有部署接入控制系统,则应该将端口和终端 MAC 地址一一绑定。

在应用层面,涉密应用系统应当能够对主体和客体依据涉密等级、业务类型、功能模块进行分类,并能够对主体访问客体进行最小授权,使得每个用户只能访问知悉范围内的信息,同时不允许有超级管理员账户的存在。这部分可参考应用系统部分的内容。

在操作系统层面,关闭不可控的信息交换渠道,关闭默认共享和远程服务,避免涉密信息被非授权访问。服务器应采取安全加固措施(安全产品策略配置、操作系统安全策略设置、进程控制、端口和接口控制等)。多人共同使用一台涉密计算机时,应采取技术手段(不同硬盘分区、文件保险箱、各自配置移动存储介质等)控制非授权访问,保证互相之间不能获取对方的涉密信息。

②采取有效的信息流向控制措施,防止高密低传。

③防止非涉密用户或者低密级用户访问超出涉密等级和知悉范围的涉密信息。

④涉密信息系统应当根据服务器功能、是否涉密,以及业务范围划分服务器安全域,不同的服务器应当放置在不同安全域内,并采取有效的访问控制措施。服务器安全域之间应当进行访问控制规则设置,实现逻辑隔离,仅开放服务器之间必要的通信端口,并满足访问控制细粒度要求。应当配置访问规则,禁止处理内部信息的服务器访问涉密服务器。

⑤用户终端可根据用户所在部门、业务范围或者涉密等级划分在不同的安全域,不同用户安全域之间不得直接互访。同一安全域内的用户,如果对国家秘密的知悉范围不同,也不得直接互访,应当通过服务器安全域进行访问和信息交换。应当根据用户最小授权范围,设置边界防护访问控制规则,使终端用户仅能访问其授权范围内的网络资源和应用系统资源。

⑥涉密应用系统应当能够对主体(应用系统用户)和客体(应用系统中的信息资源)依据涉密等级、业务类型、功能模块等进行分类,并能够对主体访问客体进行最小授权,使其仅能访问业务工作和知悉范围内的涉密信息资源,并符合相应等级的保护要求。

⑦涉密信息系统中应当禁止建立或者使用不可管控的信息交换渠道,不得擅自开放共享文件夹或建立其他的共享信息交换方式。应当采取管理或者技术措施,保证涉密信息系统服务器、用户终端和其他涉密信息设备中的涉密信息不被非授权访问、查看和获取。

⑧根据主体的涉密等级和对国家秘密的知悉范围,制定访问控制策略和授权机制,对

每个主体建立知悉范围列表，采用最小授权原则实现主体对客体的访问授权。对于同时承担多个项目的用户，应当采取控制措施，避免该用户成为两个不同涉密项目的中介，导致涉密信息知悉范围扩大。

⑨根据涉密信息系统使用人员对国家秘密的知悉范围和业务工作需要，经过业务部门和信息化管理部门审批，明确每一个使用人员（主体）在涉密信息系统（涉密计算机）中允许访问哪些信息（客体），“三员”依据授权审批单，为涉密信息系统中每一个使用人设定相应的访问权限。应当禁止默认用户访问，对主体和客体实行安全标记，并通过比较安全标签来确定是授权还是拒绝主体对客体的访问。

⑩采取网络接口控制等技术，防止信息设备和存储设备的非授权接入。涉密信息系统服务器和用户终端应当采用802.1X等技术措施，网络层不能采用技术措施的，应当与网络接口进行物理绑定。

⑪多人共用一台涉密信息设备时，应当以不扩大国家秘密的知悉范围为原则。应当指派安全保密管理员或者专人担任涉密计算机等信息设备的系统管理员，并分别为每个用户设置不同的用户标识和权限，严格按照用户涉密等级和对国家秘密信息的知悉范围，控制涉密信息的访问权限，防止用户查看或者获取知悉范围之外的涉密信息。多人共同使用一台涉密信息设备时，除管理员外，使用者的权限应当设置为一般用户，不得设置为系统管理员权限用户。应当为每个用户划分一个独立的硬盘涉密分区，除操作系统分区外，不得混用；或者在硬盘上使用符合国家保密标准的存储保护系统存储涉密信息；也可以配发专用涉密移动存储设备用于存储和处理涉密信息。应当确保任何用户在使用涉密计算机等信息设备时，不能以任何方式查看和获取他人的涉密信息，确保国家秘密安全。

提示：交换机和防火墙的多余和无效策略应及时清理。不同密级、不同功能的服务器要部署在不同的安全域中，同一物理服务器不能同时安装涉密应用系统和非涉密应用系统。多人共用计算机应使用用户权限登录，不得设置为管理员权限。人员离岗或者职务变动时，应第一时间在应用系统中调整其权限，杜绝僵尸用户的存在。应对内网非涉密信息输出机设置单独的安全域。公用会议室计算机需要根据单位实际情况制定措施，保证涉密信息不被非法授权者获取。

（4）接入控制

接入控制系统部署在安全保密产品安全域中，并能够与交换机及用户终端建立正常通信，确保能够对设备接入进行有效控制，同时能够及时接收报警日志及推送策略更新。

接入控制系统须能鉴别用户终端证书的合法性、完整性、有效性，并支持证书吊销列表的同步与检测。用户个人身份证号、姓名、部门、交换机端口号、IP地址由安全保密员实时更新，保证与实际相符。

无法安装接入控制系统的设备（如网络打印机等）应划分单独的VLAN，并采用MAC地址绑定方式进行控制保护。

（5）输入输出控制

输入输出控制主要部署在用户终端和输入输出点，为了控制涉密信息系统或者涉密计算机的信息输出，需要确保输出的载体上的标识具有唯一性，且不可被篡改；需要具备对输出的纸介质和电子信息能够监控审计，能够对导出的非涉密信息进行明文查验；能够对导出的信息禁止变更信息内容或者增加附件；审计记录应完整，确保实际的信息导入导出是与监控审计记录相一致的；等等。

(6)监控审计

通过主机监控与审计系统可以对计算机接口和外设进行控制,禁止用户修改涉密计算机 IP 地址,禁用无线网卡接口,禁止拨号上网,禁用涉密计算机串口、并口、1394 口等接口,限制使用移动存储设备、打印机、光驱和软驱等。通过涉密计算机及移动存储介质保密管理系统(简称"'三合一'系统"),可以禁止涉密终端违规外联。配套使用多功能导入装置能够确保涉密信息的安全传输和非涉密信息的单向导入,同时也具备端口控制的功能。部分单位的主机监控与审计系统和"三合一"系统是同一客户端,共同实现上述功能。

实际操作中,依据策略文件对系统进行初始配置。使用系统管理员账号登录控制台完成组织结构的建立,安全保密管理员完成策略的配置与下发。涉及策略变更需要有审批流程相对应。

在安全审计方面,安全保密管理员每月登录控制台,分别进入系统提供的各类安全分析报表,导出保存报表内容,同时分析各类报表内容,重点关注用户异常操作行为和安全隐患,形成单项安全审计报告。安全审计员登录控制台,查看操作日志和系统日志,重点关注系统管理员和安全保密管理员的异常操作行为和安全隐患,形成书面记录。

提示:如果主机监控、审计系统与"三合一"系统同时有端口控制的功能,则以"三合一"系统为唯一合法功能。如果设置策略时出现问题,可将主机监控与审计系统的端口防护策略全部放开,使用"三合一"系统的端口控制功能对计算机端口进行防护。

在配置之前做好策略集的规划是非常必要的。另外,策略的命名也尽量规范化,便于查询和管理。例如,默认策略、失泄密防护策略、服务器外设端口开放策略。

(7)入侵检测

采用入侵检测对系统内的安全事件进行监控,检测攻击行为并能及时发现系统内非授权使用情况。

入侵检测主要针对入侵行为的检测。通过收集和分析网络行为、安全日志、审计数据、其他网络上可以获得的信息,以及计算机系统中若干关键点的信息,检查网络或系统中是否存在违反安全策略的行为和被攻击的迹象。

入侵检测系统可与防火墙联合部署,可提高网络的抗攻击能力。常见部署方法如下:

①入侵检测系统部署在防火墙之内。在这种部署模式下,只有穿过防火墙的攻击才能够被入侵检测系统检测到。通过查看入侵检测系统报警信息,管理员可以分析和判断哪些攻击对系统安全威胁最大。

②入侵检测系统部署在防火墙之外。在这种部署模式下,入侵检测系统能够检测到所有流经防火墙的外接网口的信息。管理员可了解来自外部网络的攻击行为。

③防火墙内外都部署入侵检测系统探测器。在这种部署模式下,可以同时检测到来自内、外网的攻击,管理员能够全面了解网络面临的威胁。

④将入侵检测系统探测器部署在其他位置。安装在内部网络中的重要网段,对该网段中的所有连接进行监控。

常见的攻击方式有口令窃取、木马程序攻击、欺骗攻击、邮件攻击、网络监听等,可采取及时更新相关系统或程序补丁等方式进行攻击防御。

提示:刚刚使用入侵检测会发现大量的攻击日志,可每月针对前十的事件进行研究,能解决的解决,该接受的接受,是误报的进行配置,循序渐进,增强入侵检测系统的可用性。

(8)边界控制和防护

常用的边界控制和防护产品主要是防火墙和安全隔离与信息交换设备。

防火墙应部署在两个安全域之间边界处,或是重点保护区域与普通区域间边界处,并保证不同保护级别区域只通过防火墙相互连接,不存在旁路,不允许留存不经过防火墙的其他通信通道。对防火墙策略进行设置时,必须遵循最小授权原则,指定源地址和目的地址的IP,目的端口原则应为固定端口,确实无法设置固定端口的,要给出端口的动态范围,此范围也要符合最小授权原则。

安全隔离与信息交换设备主要部署在两个不同用途、不同密级的涉密信息系统和其他网络系统之间,通过网闸实现两个网络的连通,通过一个中间缓冲区来“摆渡”业务数据,以实现业务互通。安全隔离与信息交换设备在使用时需要进行“一台一测”。

(9)电磁辐射和传导泄漏发射防护

涉密信息系统、涉密信息设备、涉密存储设备和传输线路的电磁泄漏发射防护,须采取获得国家保密行政管理部门设立或者授权的测评机构检测合格并批准的技术措施实施保护。涉密设备供电应当满足安全隔离要求,涉密信息设备使用的滤波电源插座不得给手机、移动终端等移动通信设备和非涉密信息设备使用。涉密信息系统和涉密信息设备的安装、摆放和线路敷设须满足红黑隔离要求。同时按照分级保护的规定,保持规定的安全距离。涉密计算机电磁辐射不满足安全警戒距离要求的,应更换为满足要求的低辐射计算机或采用相应级别的视频干扰器进行防护。涉密系统内显示器、投影仪等显示设备,禁止面对门、窗和玻璃墙摆放。

涉密信息系统网络综合布线传输线路要符合国家电磁防护相关标准,远程传输应按国家有关部门要求采取密码保护措施。系统管理员负责记录布线系统的布局、端口、状态和使用情况等,并实施动态管理。对网络布线系统进行重大更改时,应按照安全保密相关标准设计完整的实施方案并经过评审。新增布线系统不能破坏原有布线系统的安全保密强度。

提示:红黑隔离电源插座上接普通电源插座,普通电源插座视为红黑隔离电源插座,普通电源上不得接入黑设备(非涉密设备)。

因办公室布局所限,计算机屏幕必须面对窗户的,应在使用时拉上窗帘,确保不出现问题。

(10)漏洞扫描

采用漏洞扫描对系统内的安全事件进行监控,能够检测攻击行为并能及时发现系统内非授权使用情况。漏洞扫描应获得国家保密工作部门批准。应查验供应商提供的相关检测证书原件,以验证其真实性。

漏洞扫描依据扫描执行方式不同,主要分为以下几类:针对网络的扫描,针对主机的扫描,针对数据的扫描,针对 Web 应用、中间件的扫描等。

主要功能:基于漏洞数据库,通过扫描等手段对指定的远程或本地计算机系统的安全脆弱性进行检测,进而发现可利用的漏洞。一些大规模和分布式网络用户,可采取分布式部署方式。

漏洞策略:建立三员权限,配置定期扫描任务策略。

根据漏洞扫描结果的危害高低程度,可采取下面的处理方式:

①推荐:表示系统已存在漏洞,需要安装补丁来修复,这对于电脑安全十分重要,因此

推荐的补丁应尽快安装。

②可选：表示对自身电脑的情况进行有选择性的修复。对于这类补丁，应在对电脑情况充分了解的情况下，进行有选择性地修复。

③不推荐：如果修复补丁有可能引起系统蓝屏、无法启动等问题，那么对于这些漏洞，建议不要修复，以免引起更大的电脑故障。

提示：如果漏洞很多，可以参考入侵检测的处理模式，每月针对前十的事件进行研究，循序渐进，逐步消除高、中风险漏洞。如果安全保密管理人员人数有限，也可以给相关信息设备的单位兼职管理员下整改单，借助外力共同应对，过程要符合保密要求。

(11)存储保护

系统中部署的集中存储，对用户终端开放使用，实现信息的集中存储。常见的存储保护系统主要是 NAS 电子文档安全管理系统。

每个用户只能访问个人的存储空间，不能访问其他人的存储空间；不能设置无权限控制的公共存储空间；必须开启加密存储策略；用户访问集中存储，必须通过安全 NAS 设置重鉴别次数及账户锁定策略、空闲时间锁定策略；定期对安全 NAS 系统中的用户进行清理，及时通知并删除已失效用户及其存储文件；不允许通过网页使用用户名和密码登录；严禁低密级用户访问高密级文件夹，所有对文件夹的授权管理均须由安全 NAS 系统管理员完成，严禁普通用户具有文件夹的授权功能。

(12)密码产品

密码产品根据其使用性质可分为核心密码产品、普通密码产品和商用密码产品三类，不同类别产品的功能各异。密码设备和网络与信息系统应同步规划、同步建设、同步运行，设备的配备按照国家相关要求进行申报。密码产品的使用及管理要遵循相关安全保密规范、标准和要求。

使用密码产品需要注意的问题：

①密码产品的部署方式须结合单位网络结构进行设计，确保跨物理安全区域之间的传输均通过密码产品进行加密。

②应设置专用于密码设备调试的计算机，不得用于其他设备调试，对计算机的外设端口进行严格控制，并由专人管理，不要带出办公区域。

③密码设备产品从被批复到厂家备货需要较长时间，建议提前半年以上时间规划并上报申请，以免影响工作。

④密码设备应放置在符合要求的场所里，相关的管理和技术防护措施须符合“要害”的要求，同时提供可靠的基础环境，如防火、防静电、防雷击、供电等。

⑤定期对密码设备的运行状态、使用环境进行检查，维修需由生产单位承担。需返厂维修的，返回前应清除相应的密钥数据，停用及报废设备应送返指定回收部门。

(13)备份与恢复

为保障涉密信息系统安全可靠运行，应根据系统中的应用系统故障对业务正常开展造成的影响进行相应的分析，制定完备的备份与恢复的相关规章制度和策略。

根据应用系统的重要程度制定不同的备份策略。通过增量备份(对上一次备份后所有发生变化的数据进行备份)、全量备份(备份全部选中的文件，并不依赖数据的存档属性来确定备份哪些数据)方式满足数据库和关键业务数据、涉密信息和数据的备份需求。

应用系统发生变更或升级时，变更前应对原系统的配置、应用系统程序进行备份，确保应用系统在变更、升级失败时，可以退回到系统变更前的状态。

对数据库系统进行升级或补丁程序更新时，变更前应对数据库进行备份，确保数据库在升级或更新失败时，可以退回到变更前的状态。

“三员”在备份工作中分别承担自己的岗位职责，并采取管控措施实现“三员”在备份与恢复中的相互监督和制约（“三员”只有一个人时，不得进行备份与恢复操作）。

执行数据备份工作要注意如下几点：

①制定规则和程序。备份规则和程序中必须包括但不限于：什么时间备份、什么内容需要备份、谁负责进行备份、谁可以访问备份内容等。

②测试备份。一定要做好对备份数据的测试工作，特别是在备份重要数据的时候，避免发生意外时，备份数据无法正常读取。

③标记和排列备份。如果数据备份的数量较多，那么就必须进行标记和排列数据备份的工作。标记备份包括有意义的名称、备份数据的日期和时间、数据的内容、数据的创建人及一些说明等。已标记的数据备份应以一定的顺序排列在备份库中。

④安全存储备份。安全存储是一个广义的词汇，通常意味着存储备份的地点是受到保护的，防止非法访问和防止受到火灾、洪水和地震等灾害的破坏。备份数据最好不要存储在数据中心本身。

⑤备份频次。最好在不影响业务正常运行的情况下，尽可能地提高备份的频次。

表 5.5 列举了同一数据中心内，生产服务器或与之关联的存储系统发生故障时如何保障应用系统连续性，减少 RPO（Recovery Point Objective）时间和 RTO（Recovery Time Objective）时间的参考解决方案。

常见故障场景业务连续性保障参考解决方案见表 5.5。

（14）应急计划和响应

①基本要求

根据国家有关标准、制度、规范制定文档化的明确的信息系统应急计划和响应策略；应急计划中包含发生异常事件（如系统瘫痪或涉密信息的失窃等）应急响应的基本步骤、基本处理办法和汇报流程；应制定能够确保应急计划和响应策略正确实施的规章制度。每年对应急计划和响应策略进行审查和修正，适时更新应急策略。记录对应急计划和响应策略进行审查和修正的时间、人员、结果，以及适时更新应急策略的相关信息。

②培训

定期对系统内用户进行有关应急响应的各项知识、技术、技能的培训，明确用户在系统应急响应中所担任的角色与责任。如应急响应设备的使用、疏散演习、全面演习等。根据培训对象不同，可以选择不同的培训方式和内容。对系统内用户进行有关应急响应的各项知识、技术、技能的培训。记录每次培训的时间、对象和内容等相关信息，明确用户在应急响应中所担任的角色与所承担的责任。对系统应急响应进行演练，对演练效果进行评估。记录演练的时间、人员、过程和效果等相关信息。

③事件监测与分类

建立统一的应急工作信息系统，能够汇集、储存、分析和传输有关突发事件信息，并在上、下级之间，相关单位、部门之间实现互联互通，加强信息交流与情报合作。

表 5.5　常见故障场景业务连续性保障参考解决方案

故障场景	故障现象	AIX 操作系统参考解决方案	Windows/Linux 参考解决方案
场景 1:生产服务器可正常运行	服务器某块硬盘发生故障	服务器配置两块以上的磁盘,通过 RAID 技术实现磁盘冗余,当同一 RAID 组中的一块磁盘发生故障时,数据不丢失	
场景 2:存储系统可正常运行	存储系统某块硬盘发生故障		
场景 3:生产服务器故障	因操作系统升级或误操作导致操作系统本身数据损坏	利用 AIX 操作系统集成的 mksysb 备份命令,将操作系统备份至专用的磁盘设备或其他存储系统中	备份软件无法备份操作系统: 事先在另一台服务器上安装同版本的操作系统并配置相同的 IP 地址,该服务器预装与生产服务器相同的应用程序,但该服务器长期处于 standby 关闭状态,当生产服务器宕机时启动从服务器,并在存储系统中改变业务数据逻辑卷的映射关系(生产服务器与备用服务器的业务数据共享存储系统)。 备份软件可以备份操作系统时: 通过备份软件和操作系统备份文件进行异机恢复,在存储系统中改变业务数据逻辑卷的映射关系,重新安装应用程序并导入备份的应用系统备份文件(生产服务器与备用服务器的业务数据共享存储系统)
场景 4:生产服务器故障	服务器本身硬件故障	部署 Power HA 或在生产服务器前端部署负载均衡设备	将生产服务器迁移至虚拟服务器或在生产服务器前端部署负载均衡设备
场景 5:存储系统故障无法启动	业务数据安全保障	利用 AIX 操作系统集成的 LVM Mirror 实现数据的双写镜像	利用存储虚拟化技术实现数据的双写镜像

系统内的异常事件划分为泄密事件和系统运行安全事件两个类别。应根据系统实际情况,结合系统内实施的安全审计等措施,进行系统内异常事件的监测。确定系统内异常事件的监测方法,每天检查监测记录。

④安全事件处理方式

针对可能发生的安全事件(如病毒破坏、拒绝服务攻击等)以及所造成的对系统的损坏(如数据在改、系统瘫痪等),制定并采取相应的应急响应和补救措施。记录运行安全事件的有关信息,如事件类型、发生原因、影响范围、补救措施和最终结果等详细信息。

⑤应急预案管理

应急预案应当明确适用的情境条件，并根据其性质、特点、影响、应对需要，明确工作原则、组织体系、职责分工、指挥与运行机制，规定预防与应急准备、应急监测、应急处置等工作环节的操作程序和保障措施。

对应急预案进行评审，经批准后发布。应急预案每年至少要评审一次。除年度评审之外，某些特定时间还应开展评审和修订，如每次培训和演习之后、每次紧急情况发生之后、人员或职责发生变动之后、企业的布局和设施发生变化之后、政策和程序发生变化之后。

(15)操作系统安全

Windows 系统的安全管理主要包括安全架构、安全组件、对象、用户权利、用户权限、共享权限等方面，Windows 安全配置技术有用户账户、安全策略、文件系统、系统服务、启动项、补丁管理、Windows 防火墙和其他安全配置等。

通过 Windows 系统的域管理，可以快速统一下发策略配置以达到防护目的。

(16)安全审计

①组织方式和审计周期

信息化管理部门和运行维护机构定期进行安全审计。机密级计算机和信息系统每月进行一次安全审计并编制审计报告；秘密级计算机和信息系统每季度进行一次安全审计并编制审计报告；内部计算机和信息系统每半年进行一次安全审计并编制审计报告；互联网计算机和信息系统每季度进行一次安全审计并编制审计报告。

②安全审计对象

信息系统、信息设备和存储设备的整体运行情况，包括设备和用户的在线和离线、系统负载均衡、网络和交换设备、电力保障、机房防护等。

a. 涉密信息系统服务器：应当依据服务器的管理制度和控制策略，对信息系统的域控制、应用系统、数据库、文件交换等服务器的启动、关闭，用户登录、退出事件，用户的关键操作等进行审计，查验各个服务器的运行状态。

b. 安全保密产品：应当依据安全保密产品的管理制度和控制策略，对身份鉴别、访问控制、防火墙、IOS、漏洞扫描、病毒与恶意代码防护、网络监控审计、主机监控审计、各种网关、打印和刻录监控审计等安全保密产品的功能以及自身安全性进行审计。查验各个安全保密产品的功能是否处于正常状态，日志记录是否完整，汇总并分析安全防护设备的日志记录，发现是否存在未授权的涉密信息访问、入侵报警事件、恶意程序与木马、病毒大规模爆发、高风险漏洞、违规拆卸或接入设备、擅自改变软件配置、违规输入输出等。

c. 设备接入和变更情况：应当依据设备及人员变更的管理制度和控制策略，对信息设备接入和变更的审批流程、接入方式、控制机制等情况进行审计，防止设备违规接入。对涉密信息系统服务器、用户终端和涉密计算机重新安装操作系统进行审计，防止故意隐藏或销毁违规记录的行为。对使用人员和设备的变更审批、设备交接、授权策略和权限控制进行审计，保证使用人员岗位变更后，无法查看和获取超出知悉范围的国家秘密信息。

d. 应用系统和数据库：应当依据管理制度和访问控制策略，对应用系统和数据库的身份鉴别、访问控制强度和细粒度进行审计，保证各个应用系统和数据库的涉密信息控制在各种主体的知悉范围内，并且能够进行安全传递和交换(例如，通过安全审计分析用户是否按照信息密级和知悉范围进行信息传递，审批人员是否认真履行职责等)。

e. 导入导出控制：应当依据导入导出的管理制度和控制策略，对信息系统和信息设备的导入导出点的建立、管理和控制，以及审批流程、导入导出操作、存储设备使用管理等进行审计。特别要对是否存在以非涉密方式导出涉密信息的情形进行审计，发现违规行为应当及时记录、上报，并协助查处。

f. 涉密信息、数据：应当依据涉密信息和数据的管理制度和控制策略，对涉密信息和数据的产生、修改、存储、交换、使用、输出、归档、消除和销毁等进行审计。

g. 单台涉密计算机和便携式计算机：应当依据单台涉密计算机和便携式计算机的管理制度和控制策略，对其管理和使用情况进行审计。特别是对专供外出使用的便携式计算机等信息设备，应当对外出期间所携带的涉密文件和信息的操作、导入导出、设备接入和管控情况进行审计。

h. 移动存储设备：应当依据移动存储设备的管理制度和控制策略，对移动存储设备是否按照授权策略配置，以及管理、存放、借用、使用、归还、报废、销毁情况进行审计。

i. 用户操作行为：应当对涉密信息系统、涉密信息设备和涉密存储设备用户的关键操作行为进行审计，发现用户失误或者违规操作行为。

j. 管理和运行维护人员操作行为：通过信息系统、网络设备、外部设备、应用系统自身和安全保密产品的审计功能，结合人工文字记录，准确记录和审计系统管理员、安全保密管理员的操作行为，例如，登录或退出事件、新建和删除用户、更改用户权限、更改系统配置、改变安全保密产品状态等。

k. 内部信息系统和信息设备：应当依据内部信息系统和信息设备的管理制度和控制策略，对内部信息设备和信息系统的配置管理、使用、控制、安全机制等进行审计。

l. 互联网计算机：应当依据单位互联网管理制度和控制策略，对互联网计算机的配置、管理、使用、控制、安全机制等进行审计。

③安全审计记录

审计记录的时间应由信息系统范围内唯一确定的时钟源产生，以确保审计记录时间上的逻辑性，保证审计分析的正确性。

应对审计系统和审计信息进行访问控制，保证审计记录不被篡改、伪造和非授权删除。

应有足够的审计记录存储空间，防止由于存储空间溢出造成审计记录的丢失；审计系统出现异常时，应保证存储的审计记录不被破坏；审计记录应至少保存 6 个月；审计存储空间将满时，应采取措施覆盖最早存储的审计数据或转存审计数据。

应对信息系统和信息设备的日志记录、存储系统的日志记录、安全保密产品的日志记录、应用系统的日志记录、信息交换的日志记录，以及人员操作行为的日志记录等可审计事件、异常事件和行为进行综合统计分析。

④审计报告编制

由运行维护机构组织“三员”，按照岗位职责分工，定期查看授权范围内的日志和报警，对审计中发现的问题和隐患，应如实记录形成分项审计报告。

系统管理员应提供基础环境、系统运行、系统变更等管理情况；安全保密管理员应提供与系统安全保密相关的系统变更、安全日志分析；安全审计员应提供对系统管理员和安全保密管理员所有操作的审计结果。“三员”应对其提供的分项审计报告的准确性负责，审计报告可以指定一名安全审计员或安全保密管理员汇总。

汇总分项审计报告时，应当对可审计事件、异常事件和行为进行综合安全分析，及时发现可疑事件、违规行为，以及安全隐患，并上报保密工作机构或提出解决建议。汇总后的安全审计报告应当真实反映信息系统、信息设备和存储设备的应用状态和安全保密状态，审计报告的结论要与实际情况一致。

⑤审计报告签署

审计报告完成后应当上报信息化管理部门、保密工作机构和单位分管业务负责人审阅，通过综合审计报告了解和掌握单位信息系统、信息设备和存储设备的管理、运行维护和安全保密情况，根据运行维护机构的建议确定整改方案，并提供人力、财力、物力的支持，监督整改落实。

根据信息化管理部门和单位分管业务负责人签署的整改方案意见记录，运行维护机构应当尽快落实整改措施，并在下期审计报告中描述处置结果。

安全审计报告的模板见附录D。

提示：审计报告是三员履职的重要支撑文档，要注意与其他三员记录和相关表单的关联性，内容不一致或者错漏较多会影响到三员相关项的扣分，同时，审计报告签署不到位也涉及管理部分的其他负责人相关扣分项。

审计报告除了描述本月的事件、存在问题和解决措施外，还应关注与上月审计报告的关联性和逻辑性。

(17)风险自评估

①组织方式和自评估周期

信息化管理部门和运行维护机构应成立评估工作组，定期进行风险自评估。风险自评估可委托保密行政管理部门设立或者授权的保密测评机构进行。机密级或秘密级信息系统和信息设备每年一次。国家保密行政管理部门或授权进行的测评/风评，其出具的结论可视为自评估结论。

②风险自评估对象

信息系统、信息设备、存储设备。

③风险自评估工作流程

a. 成立评估工作组；

b. 制定评估方案和实施计划；

c. 限制和控制使用的软硬件；

d. 外委方评估时，为防止非授权查看和获取，不得保留评估过程资料；

e. 记录评估过程并编写报告，提出可行的管理和技术改进措施建议；

f. 上报信息化管理部门、保密部门和单位分管业务负责人审阅，根据运行维护机构的建议确定整改方案，监督整改落实，留存签署；

g. 运行维护机构依据方案落实整改措施；

h. 自评估报告和过程资料归档留存。

风险自评估报告同样需要单位分管业务负责人签署明确意见。

风险自评估报告的模板见附录E。

清除工具、移动存储设备销毁工具、检查工具为辅助工具，遵守和执行的依然是上述安全防护技术措施要求，按照厂家提供的说明书进行操作即可，本节不再赘述。

5.1.3 应用系统

5.1.3.1 系统定密

涉密信息系统中的应用系统,根据所处理信息的密级不同,分为涉密应用系统和非涉密应用系统。其中,涉密应用系统又分为绝密级应用系统、机密级应用系统和秘密级应用系统。

涉密信息系统应在需求提出阶段,根据其存储和处理信息的最高密级确定密级,履行定密程序。方案中应明确安全保密要求,明确应用系统拟定密级、使用环境和范围,设计和开发时应同步进行安全保密功能的设计开发。

之所以在需求提出阶段就确定其密级,是因为按要求建设和后期安全保密改造比起来,后期安全保密改造的难度和代价往往更大,甚至有失泄密的风险。

5.1.3.2 系统设计

应用系统在开发时应同步考虑安全保密需求。涉密应用系统应在身份鉴别、访问控制、数据安全、安全监控与审计方面进行安全设计。对于基于平台改造或成熟产品,由于难以自主进行安全设计,则应采取外部安全保密措施加以保护。

方案中应明确应用系统服务的对象和部署模式,确定应用系统的具体部署位置;采用符合要求的身份认证方式进行身份鉴别;应用系统需要跨安全域进行数据交换时,仅允许进行信息交换的服务器之间进行通信,禁止其他网络通信。须通过边界控制和防护系统配置访问控制策略,并且确保使用的物理端口是正确的。

严格设置应用系统内涉密信息访问控制策略,系统管理与业务操作权限应严格分离。对于按照秘密级防护要求和机密级一般要求进行防护的应用系统,应按照主体类别、客体类别进行涉密信息和重要信息的访问控制;对于按照机密增强型进行防护的应用系统,应按照主体控制到单个用户、客体控制到信息类别对涉密信息和重要信息进行访问控制,并形成文档化的访问控制策略。采取技术措施以禁止高密低传、禁止低密级人员访问高密级涉密信息。

涉密应用系统管理的所有客体信息应有密级标志,系统中客体密级标志选项不应高于系统自身密级。涉密应用系统集成时须采取措施以禁止高密低传。

涉密应用系统应采用安全审计技术,确保所有用户对涉密应用系统的访问行为和操作均纳入审计的范围。采用技术手段实现数据有效性检验,增强涉密应用系统的容错能力。对重要数据提供备份和恢复措施。

对于非涉密应用系统,须与涉密应用系统划分不同的 VLAN,并对 VLAN 设置有效的访问控制措施;须与涉密应用系统分开部署,服务器、数据库等独立部署;禁止存储涉密信息,非涉密应用系统不得与涉密应用系统进行信息交互。涉密网络中的非涉密应用系统安全防护要求参照秘密级应用系统。

5.1.3.3 系统建设

对于委外建设的涉密应用系统,应选择具有国家保密行政管理部门颁发的涉密信息系统集成资质中的软件开发资质的单位,且确认其资质在有效期内。

对于自主开发的涉密应用系统，在系统代码设计开发阶段应同步考虑安全保密需求。

5.1.3.4　系统测试

开发、测试应用系统所使用的网络环境和设备应与系统实际运行环境、设备物理分离。

测试、联调应用系统时，禁止使用实际涉密信息作为测试数据。

应用系统在上线运行前应进行安全性测试。

5.1.3.5　系统运行

涉密应用系统名称与“涉密信息系统审查合格证”批准的内容不一致时，如果实际的应用系统已经涉密运行且不在系统测评（风险评估）申请书的应用系统清单中，属违规运行。

涉密应用系统在通过系统测评（风险评估）前，禁止存储、处理和传输实际涉密信息。

5.1.3.6　系统变更

应用系统所处理信息的最高密级发生变化，与“涉密信息系统审查合格证”批准的内容不一致时，涉密信息系统建设使用单位应对应用系统重新进行单项测评。

新增应用系统或者主要应用系统发生变化可能产生新的安全保密风险时，涉密信息系统建设使用单位应及时向有关部门报告，并提出应用系统单项检测申请。

非涉密应用系统变更为涉密应用系统时，应注意变更后的应用系统访问控制机制是否符合相应等级的保护要求。

提示：若应用系统的数据库存放于存储系统中，当应用系统密级发生变化时（涉密变更为非涉密或非涉密变更为涉密），应变更与之关联的数据库的存储位置，将其物理迁移至与变更后应用系统密级相符的存储系统。

5.1.3.7　系统维护

应在运行维护工作制度和操作规程中针对“涉密信息系统审查合格证”中的每一个应用系统落实相应管理内容。

涉密应用系统建立完整的系统用户权限列表，应包括用户名称、操作权限、用户建立时间等。新增用户需本人申请，用户所在部门领导审核，对应应用系统主管业务部门批准后方可注册、备案。删除用户由用户本人办理审批，履行审批程序后，由应用系统管理员及时将用户在系统内的所有账号和权限废止。用户入网、退网和调整权限的申请表单见表 5.6 和表 5.7 。

涉密应用系统运行维护由应用系统管理员负责，应用系统管理员的密级应与应用系统的密级相对应。涉密信息系统三员负责支撑应用系统正常运行的操作系统、数据库和中间件的运行管理工作。

涉密应用系统维护应有专人对进入现场进行后期维护或升级的服务人员全程陪同，禁止其将具有存储功能的自带设备接入系统。维护或升级服务器人员需要对系统操作访问时，应对其权限进行限制，禁止其访问涉密信息。

表 5.6　用户入网、退网申请表

<table>
<tr><td>申请人</td><td></td><td>所属部门</td><td></td><td>密级</td><td></td><td>身份证号</td><td></td></tr>
<tr><td>责任人</td><td></td><td>所属部门</td><td></td><td>密级</td><td></td><td>身份证号</td><td></td></tr>
<tr><td colspan="2">申请事项</td><td colspan="6">应用系统名称：
□ ××系统　□ ××系统　□ ××系统　□ ××系统　□ ××系统
□ ××系统　□ ××系统　□ ××系统　□ ××系统　□ ××系统
□ ××系统　□ ××系统　□ ××系统　□ ××系统　□ ××系统
……
申请事由：
新增用户 ID：
用户应用系统权限：□ 默认（仅按部门、密级）
限制类权限：（除部门、密级外，型号和岗位对应的应用系统权限）
注销用户 ID：
原用户 ID 下的系统流程已经办结，数据已经转交，可以禁用账户</td></tr>
<tr><td colspan="2">申请单
位负责人</td><td colspan="6">意见：
签名：　　　　时间：</td></tr>
<tr><td colspan="2">业务主
管单位</td><td colspan="6">意见：
签名：　　　　时间：</td></tr>
<tr><td colspan="2">信息化
管理单位</td><td colspan="6">意见：
签名：　　　　时间：</td></tr>
<tr><td colspan="2">系统管理员</td><td colspan="6">实施记录：
□ ××系统　□ ××系统　□ ××系统　□ ××系统　□ ××系统
□ ××系统　□ ××系统　□ ××系统　□ ××系统　□ ××系统
□ ××系统　□ ××系统　□ ××系统　□ ××系统　□ ××系统
……
新增用户 ID：　　　　注销用户 ID：
签名：□ ××系统管理员：
□ ××系统管理员：
□ ××系统管理员：
……</td></tr>
<tr><td colspan="2">安全保密
管理员</td><td colspan="6">操作记录：
□ ××系统：□ 默认权限 □ 特殊权限　　，安全保密员：
□ ××系统：□ 默认权限 □ 特殊权限　　，安全保密员：
□ ××系统：□ 默认权限 □ 特殊权限　　，安全保密员：
□ ××系统：□ 默认权限 □ 特殊权限　　，安全保密员：
□ ××系统：□ 默认权限 □ 特殊权限　　，安全保密员：
……</td></tr>
</table>

说明：本表适用于用户入网，系统用户新建或注销。

表 5.7　用户应用系统权限变更申请表

<table>
<tr><td>申请人</td><td></td><td>所属部门</td><td></td><td>密级</td><td></td><td>身份证号</td><td></td></tr>
<tr><td>责任人</td><td></td><td>所属部门</td><td></td><td>密级</td><td></td><td>身份证号</td><td></td></tr>
<tr><td colspan="2">申请事项</td><td colspan="6">应用系统名称：
□ ××系统　□ ××系统　□ ××系统　□ ××系统　□ ××系统
□ ××系统　□ ××系统　□ ××系统　□ ××系统　□ ××系统
□ ××系统　□ ××系统　□ ××系统　□ ××系统　□ ××系统
……
申请事由：已有用户 ID 权限变更。ID：
□ 密级变更：(从××××调整至××××)
□ 部门变更：(从××××调整至××××)
□ 岗位变更：(系统角色从××××调整至××××)
□ 型号或项目变更：(从××××调整至××××)</td></tr>
<tr><td colspan="2">申请部门负责人</td><td colspan="6">意见：
签名：　　　　时间：</td></tr>
<tr><td colspan="2">业务主管单位</td><td colspan="6">意见：
签名：　　　　时间：</td></tr>
<tr><td colspan="2">信息化管理单位</td><td colspan="6">意见：
签名：　　　　时间：</td></tr>
<tr><td colspan="2">系统管理员</td><td colspan="6">实施记录：
□ ××系统管理员：已变更了×××，(签名、时间)
□ ××系统管理员：已变更了×××，(签名、时间)
□ ××系统管理员：已变更了×××，(签名、时间)
□ ××系统管理员：已变更了×××，(签名、时间)
□ ××系统管理员：已变更了×××，(签名、时间)
……</td></tr>
<tr><td colspan="2">安全保密管理员</td><td colspan="6">实施记录：
□ ××系统管理员：已变更了×××，(签名、时间)
□ ××系统管理员：已变更了×××，(签名、时间)
□ ××系统管理员：已变更了×××，(签名、时间)
□ ××系统管理员：已变更了×××，(签名、时间)
□ ××系统管理员：已变更了×××，(签名、时间)
……</td></tr>
</table>

说明：本表适用于用户因工作需要对应用系统权限进行调整。

提示：涉密应用系统维护的相关流程表单与其他流程的逻辑性要相符合，例如，进入涉密区域审批和登记、进入要害部门审批和登记等。由于审批的要素和角色不一致，因而表单不能相互替代。但如果想一个流程完成所有环节,就需要设计一个包含不同管控要素的流程,如果流程过长影响效率,应该做的是优化流程而并不是拒绝办理包含不同管控要素和审批节点的表单。

5.1.3.8 停用报废

应用系统的停用报废应制定方案,方案包括报废处理对象、责任分工、报废操作流程等。应对停用报废的涉密应用系统的数据进行妥善处理。

提示:若涉密应用系统不再使用,那么在处理好应用系统相关操作的同时要关注以前安装该应用系统的服务器,以及应用系统所用存储设备的及时处理和变更,另外防火墙上的相关策略也应同步做出调整。

5.1.4 专用系统或设备管理要求

5.1.4.1 基本要求

(1)测试、调试、仿真、工控、数控、无线、虚拟化、安全传感器、视频会议等专用系统或设备(以下简称“专用系统或设备”)是指应用于科研试验、生产制造、产品测试、质量控制、库存配送等用途的专用系统或设备。

(2)专用系统或设备应当根据用途及存储和处理的信息明确其是否涉密。如果系统内设备涉密,在办理《设备配置申请表》时履行定密程序,确定每台设备的密级,按照密级明确管理要求和应采取的安全保护措施。

①不接入涉密信息系统的,以单台设备独立运行的单台涉密专用设备,应当指定责任人负责管理和维护。应安装相应的安全保密产品,设置安全策略;确实无法安装安全保密产品,或者安装后影响设备正常使用的,应当说明理由,提出申请,经批准后可不安装。使用中应制定专项管理制度、安全保护策略和技术控制措施,加强管理。

②独立构成涉密网络的专用系统和设备,应当按照涉密信息系统分级保护的要求,申请涉密信息系统的系统测评(风评),取得国家保密行政管理部门颁发的“涉密信息系统审查合格证”。

③需接入涉密信息系统进行实时信息交换的专用系统或设备,应制定专门的接入方案和安全保密方案,经本单位(或者上级主管单位)组织的专家评审会(保密行政管理部门、国防科技工业管理部门、涉密信息系统测评机构、本行业和本单位的信息安全专家)评审通过后,报国家保密行政管理部门审查。

④主要的安全防护要求如下:

a.应当为接入的专用系统划分独立的安全域,采取有效的边界防护和访问控制措施。通过边界防护控制措施,保证信息流向安全可控,防止涉密信息流向非涉密信息系统。完成接入的涉密信息系统应当整体申请系统测评,取得“涉密信息系统审查合格证”。

b.涉密信息系统安全域边界之间采用单导设备,并有明确的访问控制策略与机制防止涉密信息流向工业控制系统,采用的单导设备须经过国家保密行政管理部门批准,符合要求。

c.涉密信息系统和专用系统之间须建立相互独立的下行和上行传输链路,并采取管理和技术措施,确保数据安全。

d. 采取计算机病毒及恶意代码查杀的技术措施，发现病毒随即进行清除。

e. 建立安全审计措施，对数据传输过程进行追踪和审计。记录的内容包括但不限于源业务系统、目的业务系统、申请人、申请审计、审批人、审批时间、内容过滤结果、计算机病毒查杀结果、单向传输设备处理结果。

f. 关键设备应采用双机热备或负载均衡的部署方式。

g. 专用设备应物理封堵或拆除不使用的网络、USB、串行、并行、读卡器等数据接口，充分利用操作系统提供的功能进行安全策略配置，并定期检查其安全状态。

(3) 专用系统和设备维修、报废、销毁遵循设备管理的安全保密要求，其中具有存储功能的固件或硬件若涉密，应遵循涉密信息设备和存储设备的维修、报废、销毁相关要求。

(4) 涉密科研生产现场监控由涉密人员实施管理和监控。安防网和消防网不得接入涉密信息系统。

(5) 若连接涉密信息系统的专用系统为非涉密系统，应遵循相应防护等级的保护标准，严禁直接或间接连接互联网或其他公共信息网络，并采用不同于涉密信息系统的安全保密产品进行防护。

(6) 采用无线方式接入涉密信息系统或者涉密计算机的专用系统或设备，须采用国家保密行政管理部门和国家密码管理部门检测合格的国产安全保密设施设备和密码设备。

5.1.4.2　工控系统自身安全防护

1. 物理环境安全

物理安全涉及布线设计、配电设计、工位设计、组网、设备安放与安置位置，以及工业环境的建设、工业现场的监控系统、工控网络门禁系统、报警系统的设计等内容。有条件单位可以根据自身需求，采用水、电、气、汽、尘、温湿度等环境监测系统进行集中管控。

物理安全依据场地的现状，参照国家要求以及军工行业的相关标准规范进行详细设计。综合布线设计应规范，应考虑电磁干扰、防雷等问题；配电要做到冗余设计，应考虑不间断电源的供电方式；现场设备应配置标准的机柜或设备间进行设备集中安放，机柜与设备间具有良好防盗措施，可有效防止非法打开与非法操作的安全风险；现场终端应安放在设备柜中，保护终端的物理安全；控制中心应严格按照国家、行业建设标准进行建设，机房布局、机房内配套的环境设施到位，并按照要求做好供电、供水、供气、防雷、防电磁泄漏等指标的达标工作。

在边界防护手段方面，在区域周边及出入口均安装视频监控系统和安保人员值守，实现 24 小时监控，楼宇内 24 小时保安值勤。

在管理要求方面，对重要生产加工作业区域按照本单位管理制度采取人工防护、物理防护、技术防护相结合的安全防范措施。

设备安全管理措施主要为防止试验设备的丢失、损坏、失窃或危及资产安全所采取的措施。可采取的措施包括设备安置和保护、布线安全、设备维护、设备的安全处置和再利用、资产的移动等。

设备由各主管单位建立台账统一管理，管理主机部署防病毒系统、主机监控与补丁分发系统等安全防护软件，并设置专人管理。防毒墙、安全隔离与信息单向导入系统等设备放在机房，网络交换机放在网络配线间，防止非授权人员接触和使用。

2. 运行安全

(1)备份和恢复

①设备备份

为保证系统的可用性,对部分重要的设备采取备份措施:核心交换机采用热备份的方式,其他交换机采用冷备份的方式;配置 Windows 服务器备机,为关键应用系统服务器和数据传输服务器提供冷备份。

②数据备份

服务器本地硬盘采用冗余保护,重要业务数据均存储于磁盘阵列,两台磁盘阵列之间采用数据同步功能相互进行热备份。

为工控终端信息安全防护设备、工控应用白名单、工业防火墙等安全产品的防护策略以专用配置文件的方式提供异地备份。

③系统恢复与重建

系统的恢复与重建由工控系统运行维护管理人员进行操作。同时针对工控系统制定系统恢复预案并安排培训和演练计划,主要制定网络通信链路故障恢复预案、服务器硬件故障处理预案、网络设备硬件故障恢复预案、应用系统及数据库故障恢复预案、操作系统故障恢复预案和安全事件应急恢复预案(如入侵、数据篡改等)。

(2)系统安全性保护

软件安装管理:建立软件白名单制度,加强对使用软件的安全管控。对于特殊原因需要安装白名单之外的软件时,必须履行审批手续,进行计算机病毒与恶意代码等相关方面的查杀和安全检查后,由安全保密管理员导入软件下载文件夹,供用户下载安装。同时通过部署应用程序白名单等技术措施对未授权安装的软件进行有效管控。

设备接入管理:在加强运行管理控制的基础上,采取网络接入控制系统对设备违规接入网络的行为进行阻断和审计。对交换机上暂不使用的端口采取物理断开的方式,同时关闭端口。

(3)应急响应

建立突发事件应急领导小组。在突发事件应急领导小组领导下,成立突发信息网络安全事件应急工作组,设在信息保障中心。

制定《突发信息网络安全事件应急预案》,明确各类事件的处理流程和处理方式。包括《网络安全事件应急演练记录》《网络安全事件应急演练专项方案》《备份系统恢复预案》《机房应急演练方案》等。

基础设施:对工控的电源、关键设备、关键业务数据建立备份机制。

技术措施:定期分析网络流量和系统性能,并查看所有日志记录,包括操作系统事件日志、关键应用程序日志和入侵检测系统日志。定期检查服务器和用户终端,确定安装了最新的安全补丁程序。制订网络管理、应用系统管理、网络安全管理人员和最终用户的安全培训计划。

应急计划:由信息化运行维护机构根据系统的网络设备、运行线路及应用系统的特点制定各系统故障应急处理计划方案,制定可能发生的各种突发事件的具体应对预案库,每半年演练一次,使单位在发生灾难时能有条不紊地应对。

3. 信息安全保密

(1)物理隔离

为实现工控网络与互联网及其他公共网络的物理隔离,采取以下措施:

①工控网络采用独立网络布线,使用独立网络弱电间,垂直布线和网络布线均采用光纤与互联网等其他公共信息网络物理隔离。

②严格管理控制工控网络中的无线设备使用情况。

③通过物理隔离和违规外联监控功能确保工控网络中全部服务器和工控设备终端无法访问互联网和其他公共网络。

(2)身份鉴别

基于 Windows 操作系统的用户终端采用 USB KEY 与 PIN 码相结合的方式进行操作系统身份鉴别;服务器、工业防火墙、数据库、防病毒系统、工控安全边界监控审计系统、工控运行维护审计平台、入侵检测系统和网络设备均采用用户名与口令相结合的方式实现管理员的身份鉴别。具体口令设置策略如下:

①口令长度不少于十位,PIN 码长度不少于四位,并采用大小写英文字母、数字和特殊字符中两者以上的组合。

②定期更换口令/PIN 码,更换周期不得长于一周。

③设置登录超时策略,超时空闲时间不长于 10 分钟,超时后用户进行重鉴别。

④当用户身份鉴别尝试失败达到 5 次后,对该用户进行登录锁定,同时形成审计事件并告警;对于应用程序,禁止使用该程序或延长一定时间后再允许尝试,同时形成审计事件并告警。

⑤各类系统的用户身份标识符由系统管理员唯一生产,并在用户账号生命周期中保持唯一;通过各类系统自身功能确保用户身份标识符及列表不被非授权访问、修改或删除;在各类系统中实现符合要求的安全审计功能,关联用户身份标识符,保证各类系统内安全审计的可核查性。

(3)访问控制

①网络访问控制:按照工控网络中设备类别及功能类别划分不同的 VLAN,服务器区划分不同的安全域,并按照用途和类型划分 VLAN。用户 VLAN 之间禁止访问,允许用户 VLAN 访问服务器 VLAN 相关服务端口。

②工控设备访问控制:针对工控设备,采用工控终端信息安全防护设备对车间工控设备与外围应用系统之间的通信访问合法性进行限制。

③服务器访问控制:部署工控运行维护审计平台,为运行维护人员建立独立账号,授权其允许管理的服务器。服务器的日常运行维护必须通过运行维护安全网关,维护过程形成审计记录。

④安全保密产品访问控制:针对工控网络安全保密产品配置工控防护集中管理平台,只允许相应的管理员 IP 地址进行访问。

(4)电磁泄漏发射防护

以屏蔽室、屏蔽机柜进行机房、设备间设备的电磁泄漏发射防护,防止重要设备的信息以电磁泄漏还原的方式被窃取,物理位置距离符合要求的除外。

以红黑电源隔离插座防止涉密信息通过电源辐射泄漏。

统一采用光缆布线。

对于不满足电磁泄漏发射防护要求的现场计算机采用符合保密要求的一级电磁干扰器。

(5)安全审计与监控

①网络安全审计:在核心交换机处旁路部署入侵检测系统,并配置核心交换机和服务器区交换机的镜像端口功能,根据系统实际配置入侵检测规则,对工控网络数据流量进行攻击行为检测和安全审计。

②设备的安全审计与监控:对工控系统等设备采用工控终端信息安全防护设备对其进行接口管控,实现安全审计与监测,如用户登录、登出、业务系统访问、通信行为审计、网络连接行为、访问端口审计、非法信息流审计等。

③服务器安全审计:工控系统中部署服务器运行维护审计平台,为运行维护人员建立独立账号,授权其允许管理的服务器,维护人员必须通过运行维护审计平台才能管理服务器,维护过程形成审计记录。

④应用系统安全审计:应用系统安全审计通过应用系统本身的审计功能实现。

⑤安全保密产品审计:安全保密产品的安全审计通过安全保密产品本身的审计功能实现,主要实现对用户行为的审计和对管理员操作的审计。

⑥工控防护集中管理:工控防护集中管理通过在工控网络部署工控防护集中管理平台,实现对工控网络中的安全防护产品的集中管理、监管、审计。

(6)数据库安全

工控网络采取了以下数据库安全防护措施:

①对数据库系统进行相应的安全策略配置,及时下载厂商发布的安全补丁,并经测试安全后进行补丁升级。

②对其他应用系统使用的 Oracle、MSSQL Server 数据库进行安全配置和加固处理,禁止使用默认账号和口令,禁止使用空口令、弱口令。

③定期使用漏洞扫描系统进行数据库安全漏洞分析,检查数据库是否存在高风险漏洞等安全隐患,及时下载厂商发布的安全补丁,并经测试安全后进行补丁升级。

(7)边界防护与控制

①工控安全边界监控审计

在涉密信息系统内部部署工控安全边界监控审计平台,实现对涉密信息系统与工控网络边界的数据交换行为及内容检测防护日志的综合审计和分析管理功能,主要包括传输数据采集、日志分析告警和自身安全防护三方面内容。

②工控网络边界防护

在工控网络边界部署工业防火墙,通过对工业协议的深度解析,运用“白名单 + 智能学习”的手段,阻断一切非法访问,仅允许可信的流量传输,为工控网络间的连接提供安全保障。

(8)集中管控

在工控网络安全监控管理安全域,实现对工控网络中安全产品的策略配置统一管理及安全事件的统一审计。通过对控制网络中的边界隔离、网络监测、主机防护等安全产品进行集中管理,实现对全网中各安全设备、系统及主机的统一配置、全面监控、实时告警、流量分析等,降低运行维护成本,提高事件响应效率。

5.1.4.3 安全保密管理措施

工控系统与涉密信息系统安全互联后,网络整体安全保密更加复杂。安全保密管理体系必须适应整体网络安全保密要求。完善安全保密制度,特别是工控系统的专项安全与保密制度,从设立管理机构、配备管理人员、建立管理制度、明确管理职责、规范细化业务管理流程、加大培训等方面进行具体落实,切实提升安全保密管理体系的能力和水平。

要做好安全保密管理,应做到以下几点:

(1)明确规定工控系统具体管理人员及其职责、信息安全建设要求、信息安全运行要求等。

(2)明确对各类网络设备、网络安全设备、接入设备等的管理要求。

(3)明确对工控系统中服务器、数据库及工控设备的管理要求,主要是服务器和工控设备的安全要求分别按照涉密信息系统的服务器和终端安全要求进行防护,数据库应及时打补丁。

(4)明确对工控系统中 DNC、MDC、SCADA 应用软件的用户管理与授权、信息保密等的管理要求。

(5)明确对工控系统中设备维修时的管理要求,主要包括履行审批手续、维修过程全程陪同、记录维修情况,以及禁止将具有存储功能的外来电子设备直接或间接接入与涉密信息系统连接的工控系统等管理要求。

(6)明确对工控系统中工控设备所在场地的安防监控要求,主要包括安装电子监控系统、警报系统或电子门禁系统等,实现对出入人员的有效控制,并应加强 DNC 操作室的人员监控与管理。

1. 管理机构

建立以分管业务负责人为责任人的生产运行安全管理机构。管理机构由信息化、设备、工艺、制造、保密、保卫和人事等有关部门人员共同组成,以组织协调整个系统的运行安全和保密管理工作。

生产运行安全管理机构应履行以下职责。

(1)负责进行工控系统与涉密信息系统、安全互联系统的安全管理过程中的计划、组织协调、管理服务工作;负责组织对工控系统与涉密信息系统、安全互联系统安全投入的评估和认证;组织对系统的安全现状进行分析和评估;负责网络系统的安全保密检查,组织安全事件的调查并提出处理意见和补救措施;组织制定保密制度,监督涉密活动、工控设备的保密管理工作和保密防护措施的实施;查处违反保密法律法规的行为和失泄密事件;组织定密、涉密人员审查界定和保密教育培训、保密检查、保密审查等工作。

(2)执行国家保密相关法律、法规和标准;协调信息安全管理部门、生产安全管理部门对安全保密、信息化建设、生产安全和设备的要求,建立统一的管理制度和办事流程;组织、协调和指导涉密信息系统和工控系统的采购、建设、使用和维护开发工作;组织制定工控系统安全运行策略,检查指导安全运行策略的落实情况;组织对工控系统进行安全、保密检查和风险评估;对管理人员和工作人员进行教育培训和任用考察;与国家相关业务主管和业务指导,以及消防、电力、通信等部门建立日常工作关系,并按照有关规定及时报告重大安全事件。

(3)组建由信息化办公室和工控系统与涉密信息系统、安全互联系统应用部门组成的执行层。执行层承担智能车间网络与涉密信息系统、安全互联系统的技术支持和技术保障工作,负责建立运行体系、技术保障体系。运行体系负责智能车间网络与涉密信息系统、安全互联系统基础设施和应用系统的日常运行管理和维护。技术保障体系包括支持服务体系和应急响应体系。支持服务体系提供智能车间网络与涉密信息系统、安全互联系统建设中的方案设计、施工、系统集成、安全检查与评估、有关信息安全技术管理工作等服务与支持。应急响应体系提供智能车间网络与涉密信息系统、安全互联系统基础设施和各种应用系统中安全事件的检测、预案制定、技术调查、灾难恢复等。

2. 管理人员

对于工控系统与涉密信息系统、安全互联系统中采用的安全保密产品等均须设置“三员”管理机制。“三员”的权限设置相互独立、相互制约。系统管理员和安全保密管理员由技术部门人员担任,安全审计员由保密部门人员担任。

此外还应配备设备管理员、工艺管理员、安全生产管理员和安全生产核查员等管理人员,分别负责系统的运行、维护、安全、保密和安全审计工作。

(1)系统管理员主要负责网络系统的日常运行维护,对系统所产生日志进行审查分析;负责建立和完善网络系统、网络系统的运行与维护、设置及修改网络系统的配置;负责服务器系统软硬件的维护、运行和管理;负责创建、删除和增加用户;负责存储、备份系统的管理;负责用户终端设备现场及系统的管理、维护;负责应用系统的规划和权限管理配置。

(2)安全保密管理员主要负责与涉密信息系统连接部分的日常安全保密管理,实施用户账号、权限管理,对安全保密管理系统产生日志进行审查分析;负责数据库系统软硬件资源的分配、数据库系统用户权限的划分与管理;负责系统的日常安全保密管理,包括修订安全策略报告,设置、修改、增添系统中专用安全模板配置,用户账号管理,为系统中的用户分配访问控制权限、分配身份认证标志和其他安全授权等用户配置管理,对安全保密设备和系统所产生日志进行审查分析。

(3)安全审计管理员主要负责按安全审计策略对系统进行审计,负责对涉密系统管理员、安全保密管理员的操作行为进行合规性核查、审计跟踪、分析和监督,及时发现违规行为和失泄密隐患,并定期向系统安全保密管理机构汇报相关情况。

(4)设备管理员主要负责工控设备的日常运行维护工作。

(5)工艺管理员主要负责交互数据密级审定和合法、合规检查。

(6)安全生产管理员主要负责工控系统和现场设备的运行安全和日常安全管理工作,对使用现场的制度执行情况进行审查分析。

(7)安全生产核查员主要负责工控设备在运行、维护维修时的现场核查工作,核查工控系统安全运行策略执行情况,及时发现工业控制系统安全运行风险和隐患,并定期向生产运行安全管理机构汇报相关情况。

安全保密管理机构和管理人员应定期对系统内安全保密产品的安全策略规则进行审核;对系统软件安装进行集中管理,严禁用户私自安装;根据系统规模、用户数量变化的情况进行风险评估,及时调整系统的防护策略;定期采用技术手段对系统的运行情况和用户操作行为进行安全保密法规、国家保密标准符合性方面的检查;根据系统的变化情况,及时更新系统文档资料,使之与实际状况保持一致。

3. 管理制度

建立和完善安全保密管理制度,规范业务管理流程。

(1)安全保密工作制度

按现行的安全保密管理制度,在涉密信息产生、存储、处理、传输、归档和销毁的全过程中,从人员、物理设施与环境、设备与介质、运行与开发和信息保密等五个方面制定相应的安全保密工作制度。

(2)安全保密责任制度

建立或加强相应的安全保密责任制度,明确岗位职责,实行领导责任制,层层落实,责任到人,使系统的每个使用、管理人员都明确应承担的责任和义务。

(3)安全生产管理制度

建立或修订相应的安全生产管理制度,在工控设备的采购、安装、系统联网、使用、检修维修、资产转置、停用报废等环节,从人员管理、设备选型、环境和设施管理、设备和端口管理、运行和维护管理、生产安全和数据安全管理等方面制定相应的工控设备安全生产管理制度,并对工控设备电力、水汽、粉尘等环境因素的维护和检修做出明确要求。

(4)安全生产责任制度

修订安全生产责任制度,将工控设备运行安全、设备安全、环境安全、产品质量和外来人员入侵等安全责任分解到领导、管理人员、使用人员,使设备使用、管理相关的每个人员都明确应承担的责任和义务。

4. 信息系统运行维护管理

(1)人员管理

制定内部人员管理规定和外部人员管理规定。

①内部人员管理规定:明确人员录用要求;明确人员的岗位职责;要与内部人员签订保密协议;设置有适当的奖惩条款;明确对内部人员进行培训和监督检查;明确人员离岗离职要求等。

②外部人员管理规定:包括保密要求知会制度、重要安全控制区域隔离的管理制度、携带物品限制管理制度、旁站陪同控制管理制度等。

(2)物理环境与设施管理

①完善生产现场环境和安防设施相关管理制度,加入无线管控、电磁防护等相关要求。安防设施的视频监控和门禁管理网络不得与工控系统连接。

②完善生产现场设备支撑环境及设施的管理制度,加强对供电、供水、供气及环境的温湿度、粉尘、油气的监测和巡查。

③制定周边监控管理制度、周界安防管理制度,设立中心值班室,制定出入控制管理制度。

④制定安全巡防巡查管理制度和节假日值班制度等。

⑤制定保障设施定期检测检修制度,要在重要线路线缆埋放地点设置明显警示装置,防止被施工等原因意外破坏,并将系统内所有线路线缆的布置图进行整理汇编,以备查看。

(3)设备与介质管理

设备与介质管理包括采购与选型、操作与使用、保管与保存、维修与报废等,其要求:明确工控设备选型、采购、安装的保密要求和安全生产要求,不得购置国家明令禁止使用的设备或设备部件;明确工控设备生产、检修、维修的管理要求,禁止无关人员接触或擅自更改设备状态或运行参数,附件配件更换应对存储部件进行检测或提交国家保密、安全等行政管理机关进行检测;明确生产现场工控设备的端口禁止擅自接入的要求,对工控系统和设备建立完善的设备和附件、文档资料台账，并对使用和更新情况做出文字记载。

①采购与选型：制定安全采购管理制度，产品选型制度，货物验收管理制度，设备和介质的安装、运行和安全操作使用规程等。

②操作与使用：制定外出携带管理制度、设备外联控制管理制度、介质使用管理制度、安全准入许可管理制度等。

③保管与保存：建立涉密设备和涉密介质资产管理清单，制定清查登记核对管理制度。

④维修与报废：制定涉密设备和涉密介质维修、报废审批和操作管理制度等。

(4)运行与开发管理

①运行使用：制定策略规则审核管理制度、软件安装控制管理制度、系统变更管理制度、符合性检查管理制度、文档资料更新管理制度等。

②应用系统开发：制定应用系统开发管理制度，明确用于应用系统开发、测试的网络环境和设备，应与系统实际运行环境、设备物理分离，在应用系统测试、模拟仿真、联调时应禁止使用实际涉密信息作为测试数据。

(5)信息安全保密管理

包括信息分类与控制、用户管理与授权等。

①信息分类与控制：制定信息分类与控制规定，明确系统中涉密信息的密级和保密期限；明确系统中产生、存储、处理、传输、归档和输出的信息及其存储介质应有的相应密级标志。

②用户管理与授权：制定用户管理与授权制度，建立完整的系统用户清单，制定用户标识符管理制度，建立用户权限文档化审查列表。

结合工厂现有安全生产管理制度，定期对设备的运行情况、异常情况，以及加工生产产品质量与工控系统和现场设备数据进行合规性、完整性分析，及时发现安全、保密风险和安全生产隐患。

5. 培训

定期对从事操作和维护工控系统与涉密信息系统、安全互联系统的工作人员进行培训，包括企业安全管理规章制度和法律法规培训、计算机操作维护培训、工控设备操作维护培训、生产制造应用软件操作培训等，保证只有经过培训的人员才能上岗。

对涉及安全保密产品使用和管理的人员，除了进行上述培训外，还应由相应部门进行安全保密专门培训，上岗后仍需不定期接受安全保密教育和培训。安全保密负责人要进行高级安全保密培训，在取得上岗证书后方可任职。

5.1.5 机房和服务器

5.1.5.1 相关标准

机房的建设要根据机房的选址、周边环境情况和安全可控区域的设置，依据国家保密行政管理部门发布的分级保护标准和 GB 50174—2017《数据中心设计规范》、GB 9361—88《计算站场地安全要求》进行建设。

5.1.5.2　定级

1. 屏蔽性能

根据国家分级保护要求，涉密信息系统机房作为信息设备集中存放和使用地点，应根据最小警戒距离建造满足分级保护标准规定的 A 级、B 级或 C 级电磁屏蔽室。

2. 机房分级

机房应划分为 A、B、C 三级。根据 GB 50174—2017《数据中心设计规范》中的要求，及机房的使用性质、数据丢失或网络中断在经济或社会上造成的损失或影响程度确定所属级别。

（1）符合下列情况之一的数据中心应为 A 级：信息系统运行中断将造成重大的经济损失；信息系统运行中断将造成公共场所秩序严重混乱。

（2）符合下列情况之一的数据中心应为 B 级：信息系统运行中断将造成较大的经济损失；信息系统运行中断将造成公共场所秩序混乱。

（3）不属于 A 级或 B 级的数据中心应为 C 级。

5.1.5.3　规划

1. 机房选址

机房选址选择远离境外驻华机构、境外人员驻地等涉外场所的场地或部位，还应满足 GB 9361—88《计算站场地安全要求》中 B 类安全机房的选址要求。增强型系统在选址时还应选择远离商业、娱乐、旅游、餐饮和宾馆等人员复杂的公共场所的场地或部位，远离对外业务服务区以及公用区的场地或部位。

在选址时还应同时考虑以下因素：

（1）电力供给充足可靠，通信快速畅通，交通便捷。

（2）采用水蒸发冷却方式制冷的机房，水源应充足。

（3）远离产生粉尘、油烟、有害气体，以及生产或贮存具有腐蚀性、易燃、易爆物品的场所。

（4）远离强振源和强噪声源。

（5）避开强电磁场干扰。

（6）如机房设置在建筑物内局部区域，在确定主机房的位置时，应对安全、设备运输、管线敷设、雷电感应、结构荷载、防水患及空调系统室外设备的安装位置等问题进行综合分析。

2. 设备布置

在规划阶段应根据设备的布置进行机房的前期规划，如机房面积、分区、辅助区设置等的规划。各类设备应根据工艺设计进行分区布置，满足系统运行、运行管理、人员操作和安全、设备和物料运输、设备散热、安装和维护的要求。

容错系统中相互备用的设备应布置在不同的物理隔间内，相互备用的管线宜沿不同路径敷设。

当机柜（架）内的设备为前进风、后出风冷却方式，且机柜自身结构未采用封闭冷风通道或封闭热风通道方式时，机柜（架）的布置宜采用面对面、背对背方式。

主机房内通道与设备间的距离可参照以下规定：

(1)用于搬运设备的通道净宽不应小于1.5 m。

(2)面对面布置的机柜(架)正面之间的距离不宜小于1.2 m。

(3)背对背布置的机柜(架)背面之间的距离不宜小于0.8 m。

(4)当需要在机柜(架)侧面和后面维修测试时,机柜(架)与机柜(架)、机柜(架)与墙之间的距离不宜小于1 m。

(5)成行排列的机柜(架),其长度超过6 m时,两端应设有通道;当两个通道之间的距离超过15 m时,在两个通道之间还应增加通道。通道的宽度不宜小于1 m,局部可为0.8 m。

3.建筑结构

建筑和结构设计应在规划阶段根据机房的等级,按GB 50174—2017《数据中心设计规范》要求执行。建筑平面和空间布局应具有灵活性,并应满足数据中心的工艺要求。

主机房净高应根据机柜高度、管线安装及通风要求确定。新建数据中心时,主机房净高不宜小于3 m。

设有技术夹层和技术夹道的数据中心,建筑设计应满足各种设备和管线的安装及维护要求。当管线需穿越楼层时,宜设置技术竖井。

新建A级数据中心的抗震设防类别不应低于乙类,B级和C级数据中心的抗震设防类别不应低于丙类。

5.1.5.4 设计

设计时应选择具有相应弱电智能化和屏蔽室专业设计资质及能力的单位进行设计。屏蔽系统的设计和建设应满足分级保密标准中相应的屏蔽等级要求。机房强弱电等专业设计应按照GB 50174—2017《数据中心设计规范》中对应等级的相关规范要求开展设计和建设。机房的基础设施各组成部分宜按照相同等级的技术要求进行设计,也可按照不同等级的技术要求进行设计。当各组成部分按照不同等级进行设计时,机房的等级按照其中最低等级部分确定。如B级机房的供配电、暖通等系统在设计时可按照A级机房的要求进行设计,提高供配电和冷却系统的可靠性,但机房的等级为B级。

一般机房设计时应在防火、防水、防震、电力、布线、配电、温湿度、防雷、防静电等方面达到GB 9361—88《计算站场地安全要求》中B类机房建设要求,增强型系统应达到A类机房建设要求。

性能要求:

(1)A类机房的基础设施在设计时宜按容错系统配置。在信息系统运行期间,基础设施在一次意外事故后或单系统设备维护或检修时仍能保证信息系统的正常运行。

当两个或两个以上地处不同区域的机房同时建设,互为备份,且数据实时传输、业务满足连续性要求时,机房的基础设施可按容错系统配置,也可按冗余系统配置。

(2)B类机房的基础设施应按冗余要求配置。在信息系统运行期间,基础设施在冗余能力范围内,不应因设备故障而导致信息系统运行中断。

(3)C类机房的基础设施应按基本需求配置。在基础设施正常运行情况下,应保证信息系统运行不中断。

5.1.5.5　使用

(1)机房是为信息系统和信息设备提供运行环境的场所,包括主机房、辅助区、支持区等。

①主机房是信息系统和信息设备放置和运行的实体空间,包括服务器机房、服务器备份机房、后备存储机房等。主机房应当与机房的其他区域之间采取隔离控制措施,任何人未经审批不得进入。

②辅助区是系统和应用软件的安装、调试、维护、运行监控和管理的场所,包括运行维护操作间、进线间、测试机房、监控中心、备件库、导入导出室、维护室等区域。

③支持区是保障信息系统正常工作,以及完成信息处理过程和技术作业的场所,包括变配电室、柴油发电机房、UPS 室、电池室、空调机房、动力站房、消防设施用房、消防和安防控制室等。

主机房应确定为保密要害部位,设置电子监控、红外报警和双向门禁,禁止携带无线通信设备,以及与工作无关的具有录音、录像、拍照、信息存储等功能的设备进入,同时粘贴相应标识。

(2)机房应当实行专人管理,所在楼宇(建筑)出入口应当配备值班人员,出入刷卡验证;应当设置机房出入登记表,登记表包括进入人员姓名、工作内容、进入日期、进入和离开时间及全程陪同人员(若需要)等信息;应当设置电子监控系统对人员出入进行监控;设置红外报警系统对非法入侵进行监控报警。

(3)禁止携带手机等无线通信设备,以及与工作无关的具有录音、录像、拍照、信息存储等功能的设备进入主机房。因工作需要带入具有录音、录像、拍照、信息存储等功能的设备进入机房应当履行审批程序。

(4)任何人(含信息系统运行维护人员)进入主机房,应当履行审批程序,由信息化管理部门审批;应当采用双向门禁系统控制主机房的人员出入,鉴别方式为智能卡与口令相结合或生理特征识别,能够自动记录人员出入时间等相关信息。需要进入主机房直接对服务器等信息设备进行操作时,应当由至少两名以上运行维护人员同时进入;工作或者对信息设备操作时,应当由两名以上的运行维护人员共同完成,工作结束后同时离开。进入人员在主机房内的全部操作应当进行文字记录(如操作的时间、内容、结果、是否接入设备、是否有信息导入导出等),并至少有两人签字,记录应当妥善保存。

(5)日常运行维护工作须使用辅助区的堡垒机或者 KVM 设备,记录操作内容,妥善保存操作记录和审计日志,不得修改和清除;涉密服务器和非涉密服务器不得使用同一套 KVM 系统进行管理,不得通过办公计算机或远程终端设备进行运行维护;确因工作需要进入主机房直接对服务器等设备进行操作时,还须办理审批手续,由至少两名以上单位内部运行维护人员同时进入,共同完成操作,形成文字记录,双人签字,工作结束后同时离开。

提示:屏蔽机房壳体应定期进行检测,如发现有电磁泄漏现象,应进行整改和重新获取检测证书;信息系统运行维护人员进入主机房也需要履行审批手续;进入主机房巡检,不对信息设备进行操作的,可以一人进入;进入主机房内的全部操作应当有文字记录,至少两人签字并妥善保存。

5.1.5.6 服务器

(1)涉密信息系统中的各种服务器,包括应用系统服务器、数据库服务器、安全保密产品服务器、安全控制服务器、数据备份服务器等,应按照是否涉密分为涉密服务器和非涉密服务器。

(2)服务器应当设置符合国家相关保密标准的身份鉴别和访问控制机制,防止涉密信息系统的运行维护人员擅自越权访问服务器。不同的运行维护人员(三员),应当仅能访问和操作自己职责权限范围内的服务器,并填写相关的操作记录,严禁越权访问或操作涉密信息系统服务器。

(3)应当对涉密信息系统中的服务器采取安全加固措施,充分利用操作系统提供的安全策略进行安全设置,配置必要的安全保密产品并设置相关的安全策略。对于服务器上不使用的各种接口和端口应当采取技术手段或物理措施进行封堵,防止被非授权利用。

(4)服务器基本安全要求如下。

①系统管理员应当明确每个服务器对外开放的端口和服务,关闭多余端口和服务,并形成列表文档,明确说明每个运行服务和开放端口的用途。

②涉密服务器应当禁用默认共享,取消某些特殊业务需求的文件共享。因特殊工作需要,必须采用共享方式才能开展工作的,应当对潜在风险进行分析评估,制定相应的安全保密管理制度和技术保护措施,保证涉密信息系统控制在确定的安全域中。

③可在涉密信息系统中配置一台软件安装服务器,存放软件白名单内的软件安装程序,设置权限仅允许该服务器管理员上传安装软件,其余用户终端通过规定方式获得安装软件的使用权限,禁止该服务器存储和处理涉密信息,不得通过该服务器访问其他涉密服务器。

④机密级以上服务器应当定期对服务器操作系统、应用系统、安全策略配置文件、安全日志等进行系统备份,提供服务的应用程序产生的日志也应当进行备份。

⑤应当对服务器设置有效的身份鉴别策略。未实施 PKI 系统身份鉴别的服务器应当启用复杂口令策略,服务器操作系统应删除多余用户、禁用 Guest 用户。限制单个用户对系统资源的最大或最小使用限度。

⑥服务器应当设置 BIOS 口令(如果设备提供)、操作系统登录口令、屏保口令,不可采用默认口令、简单口令,且口令长度均不得少于10位;应当采用组合复杂、不易猜测的口令,一般是大小写英文字母、数字和特殊符号等三者以上的组合,更换周期符合国家保密标准中相关密级的要求。绝密级信息系统服务器应当采用双人、双物理特征鉴别的方式进行身份鉴别。

(5)主要服务器(包括服务器硬件、部件和相应的操作系统)应当采取备份措施。关键应用服务器和安全控制服务器应当配有备用设备,在条件允许的情况下应当采取双机热备方式。服务器操作系统配置应当定期备份,其发生变化时,应当及时进行备份。

(6)服务器运行维护申请表见表5.8。

表 5.8　服务器运行维护申请表

<table>
<tr><td>申请人</td><td></td><td>所属部门</td><td></td><td>密级</td><td></td><td>身份证号</td><td></td></tr>
<tr><td>设备责任人</td><td></td><td>所属部门</td><td></td><td>密级</td><td></td><td>身份证号</td><td></td></tr>
<tr><td colspan="2">现有设备</td><td colspan="6">设备类型：　　　设备名称：
出厂编号：　　　放置位置：
硬盘序列号：　　　IP 地址：</td></tr>
<tr><td colspan="2">服务器运行维护事项</td><td colspan="6">□ 服务器及应用升级　□ 补丁安装　□ 服务器重启及服务重启
□ 信息导入　□ 信息导出　□ 数据备份
信息名称：　　　密级：　　　信息格式：
□ 是　□ 否接入设备　　设备名称：　　序列号：
□ 是　□ 否进出主机房
□ 是　□ 否有外来人员上门维修　　外协单位名称：
人员姓名：　　　本单位陪同人员姓名：</td></tr>
<tr><td colspan="2">申请部门负责人</td><td colspan="6">意见：
签名：　　　时间：</td></tr>
<tr><td colspan="2">信息化运行维护机构</td><td colspan="6">意见：
签名：　　　时间：</td></tr>
<tr><td colspan="2">信息化管理部门</td><td colspan="6">意见：
签名：　　　时间：</td></tr>
<tr><td colspan="2">运行维护人员实施</td><td colspan="6">运行维护地点：□ KVM 间　　□ 主机房　　运行维护时间：
□ 服务器及应用升级　　□ 补丁安装
□ 服务器重启及服务重启　　□ 数据备份　　□ 信息导入
□ 信息导出　信息名称：　　密级：　　信息格式：
□ 是　□ 否接入设备　设备名称：　　序列号：
□ 是　□ 否进出主机房　携带物品名称：(来)　　　(走)
□ 是　□ 否有外来人员上门维修　外协人员姓名：　　身份证号：
本单位陪同人员姓名：
外协人员工作证、身份证复印件、外来人员保密承诺书、外协单位保密协议书
签名(两人)：　　　时间：</td></tr>
</table>

说明：本表格适用于服务器运行维护。

5.2 信息设备和存储设备的安全保密管理

5.2.1 全生命周期管理

应当建立信息系统、信息设备和存储设备台账，做到信息要素完整、账物相符。涉密信息系统、涉密信息设备和涉密存储设备应当实行全生命周期管理。

应当根据工作需要，配备专供外出携带的涉密信息设备和涉密存储设备，并由专人集中管理。携带外出应当履行审批程序，带出前和带回时应当进行保密检查，外出期间应当按照保密要求管理和使用。

单位应制定严格的信息系统、信息设备和存储设备全生命周期管理制度，建立设备定密、申领（入网）、使用、变更、维修、停用或退出使用、报废、销毁的审批流程，做好相关记录，以保证设备在采购、定密、申领（入网）、使用、变更、维修、停用或退出使用、报废、销毁全生命周期过程中的数据安全。信息化运行维护机构应当为每台涉密信息设备、涉密存储设备建立单独档案，保存其各类相关记录文档。

信息系统、信息设备和存储设备维修全生命周期流程如图5.3所示。

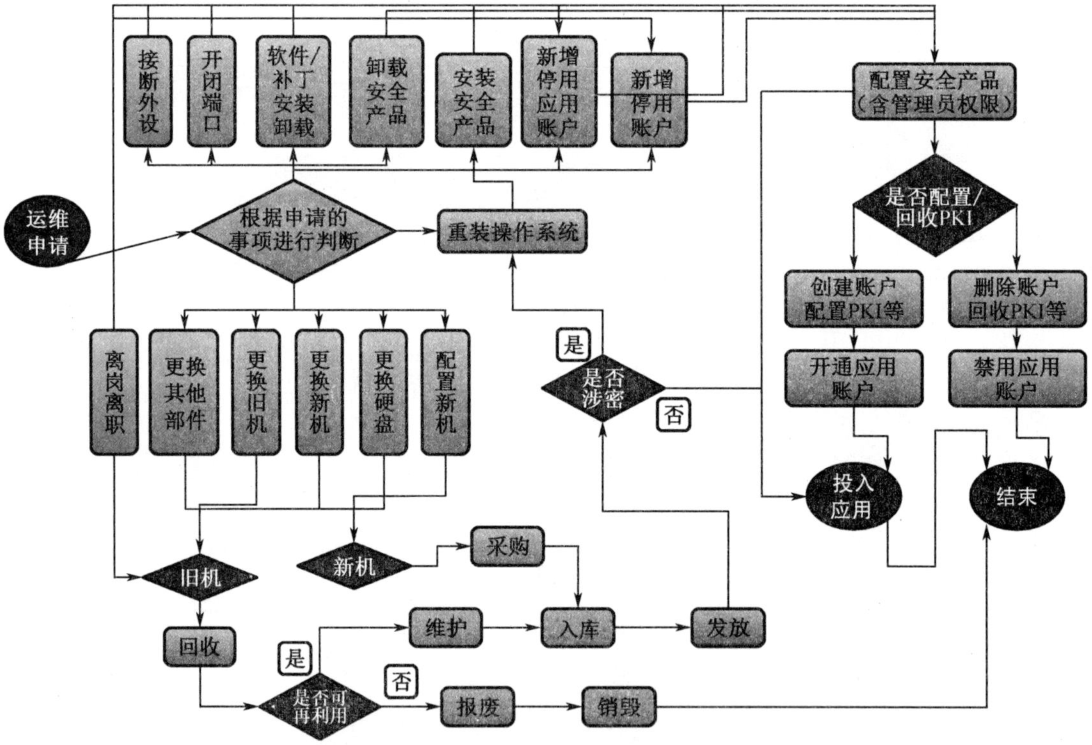

图5.3 信息系统、信息设备和存储设备维修全生命周期流程图

全生命周期档案见“信息安全保密档案”一节（5.2.8）。

5.2.1.1 定密

涉密信息系统的服务器和用户终端、单台涉密计算机、便携式计算机等信息设备和存储设备投入涉密使用前，应当根据业务工作中存储、处理或传输涉密信息的涉密等级，由使用部门提出申请，经过主管领导和定密责任人审查后确定密级。涉密信息系统中如果存在非涉密安全域，非涉密安全域中的信息设备和存储设备应当按照秘密级安全域要求进行管理和防护。涉密信息设备和涉密存储设备在确定涉密等级的同时，应同时确定设备等级和责任人。

信息系统、信息设备和存储设备应当根据存储、处理、传输信息的最高密级确定涉密等级和责任人；信息系统、信息设备和存储设备应在需求提出阶段由需求提出部门按照规定程序进行定密，采购或建设时应当落实安全保密要求，不得具备禁止使用的模块。

设备定密的审批表可以不是单独的审批表，可以与业务融合在一起。

5.2.1.2 采购

(1)信息系统、信息设备和存储设备采购实行归口管理，由指定的部门进行统一购置、统一发放；严禁外资和有国(境)外背景的机构、组织及其人员参与系统建设与管理、集成与服务、安全保密产品的采购。涉及招标的采购项目，应对招标资料进行严格保密审查，并采取必要的保密措施。

(2)涉及涉密信息系统、信息设备和存储设备的项目不得进行公开招标，应在具有资质的单位和经国家主管部门批准的范围内，采取邀标、竞争性谈判、单一来源采购和询价的方式进行。

(3)涉及招标的采购项目的相关文档，招标资料应经过严格保密审查，采取必要的保密措施，如招标项目采用代号、最终用户采用化名等进行保护。

(4)系统中使用的安全保密产品应选用国产设备，非安全保密产品应充分考虑国家安全保密需要，优先选择国产设备；在选用国外设备时，应进行详细调查和论证，不得选用国家保密工作部门禁用的设备或附件，必要时，应对选用的国外产品进行安全保密检测。

(5)与信息系统、信息设备和存储设备的供应商签订专门的保密协议。查阅供应商的营业执照(组织机构代码证)、资质证书、法人身份证，并留存复印件加盖单位公章。查验供应商提供产品的相关检测证书和原件，以验证其真实性。

(6)专人负责对供货方交付的货物进行验收，验收时应对产品型号、数量、配置、检测证书等进行严格核对，全部验收过程应形成相关记录。

(7)保密要害部门、部位使用的设备和产品应符合保密管理要求和保密标准，使用进口设备、产品(如智能化集成管理系统等)应进行安全技术检查。

(8)采购的设备的选型由需求部门提出，设备到货时，不得有无线网卡、无线鼠标、无线键盘等无线功能部件，不得有 WI－FI、蓝牙、红外、GPS、迅驰等无线功能模块。

(9)禁止使用无序列号或者序列号不固定的移动存储介质作为涉密介质；涉密读卡器的序列号也必须为固定且唯一的序列号，不能与非涉密读卡器重号。

(10)采购的处理涉密信息的设备(介质除外)必须进行电磁泄漏检测，确定电磁泄漏距离，根据泄漏距离和安全防护距离确定相应的防护手段。

(11)信息系统、信息设备和存储设备须配套使用专用的监视器，不得使用智能电视。

如确因工作需要采购了智能电视,要在到货时确保智能电视物理拆除了无线功能模块和无线功能部件、有线电视、卫星天线等,仅保留显示器的功能,其他多余的端口要物理拆除(破坏),且从系统中禁用,确保其在任何条件下都无法使用。

5.2.1.3 配置

应当按照岗位职能,涉密程度,对国家秘密的知悉范围,业务工作中接触、存储、处理涉密信息的需求,为人员配发涉密信息设备和涉密存储设备。

(1)绝密级信息设备和存储设备须由重要以上涉密人员配备和管理;机密级信息设备须由一般以上涉密人员配备和管理,但机密级信息设备年度内处理机密级信息不得超过6份;秘密级信息设备由涉密人员配备和管理;非涉密人员不得配备、管理涉密信息设备和存储设备。

(2)因工作需要,非涉密人员确须少量接触、存储、处理涉密信息的,经过批准可以使用秘密级信息设备和存储设备,但是年度存储和处理秘密级信息不得超过6份。

(3)非涉密人员不得配备、管理或者使用机密级以上涉密信息设备和涉密存储设备。一般涉密人员不得配备、管理或者使用绝密级信息设备和存储设备。

将涉密信息设备和涉密存储设备配发完之后,再根据用户的需求将配置的设备接入涉密信息系统或者信息设备中。

配置和定密融合的表单见表5.9。

表5.9 信息系统、信息设备和存储设备配置申请表

申请人		所属部门		密级		身份证号	
设备责任人		所属部门		密级		身份证号	
申请内容	拟配置设备类型: 拟定密级: 配置原因(定密依据):				拟配置设备名称: 拟放置地点:		
申请部门定密责任人	同意确定设备密级: 签名: 时间:						
信息化运行维护机构	签名: 时间:						
分管业务负责领导 (可根据单位实际选择)	签名: 时间:						

表 5.9(续)

设备管理员	出厂编号：　　　　　　　　启用时间： 无线模块、摄像头物理拆除：□ 是 □ 否 拆除记录：附件(注释：厂家拆除记录) 签名：　　　　　　时间：
系统管理员 (运行维护人员)	操作系统名称及版本：　　　　　　操作系统安装时间： 安装操作系统使用工具名称及编号： 硬盘序列号：　　　　　　IP 地址： 用户标识符：□ 域账户　□ 终端登录 PKI　序列号： □ 是 □ 否经系统管理员授权重装操作系统　　系统管理员签名： 实际操作人签名：　　　　时间：
安全保密管理员	安全产品安装及策略配置确认： □ “三合一”已安装，策略生效　　□ 主机监控与审计已安装，策略生效 □ 身份认证网关已安装，策略生效　　□ 接入控制已安装，策略生效 □ 防病毒系统已安装，策略生效　　□ 打印刻录，策略生效 □ BIOS 设置，已生效　　□ 域策略生效 □ 补丁接收…… 签名：　　　　　　时间：
信息化管理部门	设备标签已制作，用户已领取 签名：　　　　　　时间：
用户确认	设备领取：□ 是 □ 否，并查验设备、用户标识符配置与申请一致 设备标签领取：□ 是 □ 否 签名：　　　　　　时间：

说明：本表适用于没有信息系统、信息设备和存储设备的人新申领设备的情况。

5.2.1.4　变更

涉密信息设备和存储设备的变更(包括涉密等级、责任人、放置地点、用途)都应当履行审批程序，并对存储过涉密信息的硬件和固件，以及相应的安全保密产品进行保护和控制。

非涉密信息设备和存储设备需要变为涉密的，或者低密级信息设备和存储设备需要变为高密级的，应当由使用部门提出申请，经过主管负责人和定密责任人审查后确定密级。确定涉密等级后，服务器和用户终端、单台计算机、便携式计算机等信息设备，应当重新安装操作系统，进行安全策略配置，安装相应的安全保密产品，按照新确定的涉密等级进行管理和使用。

高密级的涉密存储设备转为低密级的涉密存储设备应当履行审批程序，更换存储过涉密信息的硬件和固件，或采用国家保密行政管理部门批准的消除工具进行信息消除(消除工具的等级应当符合保密要求)后，进行安全策略配置，安装相应的安全保密产品，按照新确定的涉密等级进行管理和使用。

涉密信息设备需要变为非涉密的，应当履行审批程序，拆除存储过涉密信息的硬件和固件并妥善保存，更换新的存储硬件和固件后，按照非涉密设备进行管理和使用。严禁涉密存储设备变更为非涉密存储设备。

涉密信息设备上存储过涉密信息的硬件和固件不能拆除，也无法采用国家保密行政管理部门审批的消除工具进行信息消除的，不能降低涉密等级或变为非涉密信息设备。

涉密信息设备和涉密存储设备变更涉密等级的，应当做到申请理由充分、审批程序完备、变更操作规范、记录真实准确。存储过涉密信息的硬件和固件拆除后，应当按照国家相关保密标准的要求存放和管控。

带有存储部件的变更，也应该按照规定程序，需要更换硬盘，重装操作系统（详见“软硬件拆卸安装”一节（5.2.5））；其他信息变更，也须按相关的审批程序履行相应的审批手续。

变更申请表见表5.10。

表5.10　设备信息变更申请表

<table>
<tr><td>申请人</td><td></td><td>申请单位</td><td></td><td>密级</td><td></td><td>身份证号</td><td></td></tr>
<tr><td>设备责任人</td><td></td><td>所属部门</td><td></td><td>密级</td><td></td><td>身份证号</td><td></td></tr>
<tr><td colspan="2">现有设备</td><td colspan="6">设备类型：　　　　　　设备名称：
出厂编号：　　　　　　放置位置：
硬盘序列号：　　　　　IP 地址：</td></tr>
<tr><td colspan="2">设备信息变更原因</td><td colspan="6">□ 更换 IP　　□ 更换网卡　　□ 更换用途
□ 更换责任人　□ 更换部门　　□ 更换物理位置
原因说明：因为……，拟将……从……更换到……（对照更换对象，说明具体原因）
设备 □ 是 □ 否随员工更换部门，原部门工作数据处理方式：</td></tr>
<tr><td colspan="2">申请部门负责人</td><td colspan="6">意见：

签名：　　　　　　时间：</td></tr>
<tr><td colspan="2">信息化运行维护机构</td><td colspan="6">意见：

签名：　　　　　　时间：</td></tr>
<tr><td colspan="2">运行维护人员实施</td><td colspan="6">操作记录：

签名：　　　　　　时间：</td></tr>
</table>

说明：本表适用于用户信息变更，但不涉及更换硬盘或重装系统的业务；如涉及更换硬盘、重装系统的业务，不需办理本表，而需办理《更换硬盘、重装操作系统申请表》。

5.2.1.5　维修

涉密信息系统、信息设备和存储设备应当按照规定程序进行维护维修和报废。在维护维修和报废中应当对存储过涉密信息的硬件和固件采取有效的管控措施，对外部维修人员履行审批登记程序，办理审批并全程旁站陪同。维修、报废、销毁流程及要求如图5.4所示。

涉密信息设备或涉密存储设备发生故障时，责任人应当填写维修申请单，经业务部门主管领导批准后，向单位运行维护机构或者设备维修主管部门（机构）提出维修申请；运行维护机构或维修主管部门（机构）受理后，应当及时了解故障情况，派人到现场进行维修，或者将设备送到内部维修点进行维修。

（1）涉密信息系统、信息设备和存储设备发生故障时，可根据故障原因分为单位内部维修间维护维修、现场维护维修和送外维护维修三种类型。

①维修间维护维修：维修间应当设立在涉密区域内并配备专门维修人员。送修和维修后领回，维修人员应当与责任人办理涉密信息设备和涉密存储设备的交接手续，明确保密责任。

②现场维护维修：由指定的维修人员或外单位负责上门服务的维修人员承担，维修时设备责任人或设备责任人所在部门指定的分部管理员全程旁站陪同。维修前，应当对涉密信息和存储涉密信息的硬件和固件采取必要的保护措施。

③送外维护维修：涉密信息系统、信息设备和存储设备原则上应在单位内部维修。如果在单位内部无法维修的，应区分以下两种类型：维修的部件不带存储功能和维修的部件带存储功能。

维修的部件不带存储功能，可以按照设备主管部门的归口管理的原则，由设备各归口管理部门统一送外维修，送出前应拆除所有存储过涉密信息的硬件和固件，并按照保密要求妥善保管；如果无法拆除存储过涉密信息的硬件和固件的设备又不能正常使用的，应履行报废销毁程序后更换新设备。维修完成后，应当进行保密检查，由单位内部运行维护人员安装存储涉密信息的硬件和固件，由责任人办理交接手续后，取回使用。

维修的部件带有存储功能，应由设备责任人办理申请并履行审批程序，由信息化管理部门和设备责任人一起送外维修和取回（必须两人），必须选择具有国家保密行政管理部门颁发的涉密信息数据恢复资质的单位进行维修。

（2）单位与提供信息系统、信息设备和存储设备维修服务的外单位签订维修服务合同和保密协议，选择的外单位应有相关设备的维修服务资质和能力；上门服务的维修人员应为协议单位的正式员工，其到单位内进行现场维修时，应当提供身份信息和联系方式，运行维护机构留存相关记录并与维修人员签订保密承诺书，告知保密要求，并对其进行保密提醒。

（3）信息化运行维护机构进行日常运行维护所使用的硬件或软件，包括移动光驱、检查工具、工具光盘等，应当根据用途分为涉密专用和非涉密专用，并纳入台账管理，使用时应当随具体运行维护事项进行且须经过信息化管理部门审批。

（4）设备各归口管理部门应当建立维修日志档案，对涉密信息设备和存储设备的维修情况进行记录。需要更换硬盘等存储设备的，应当记录旧硬盘和新硬盘的名称、型号、容量、序列号，旧硬盘的去向，明确硬盘责任人，办理交接手续后妥善保存。

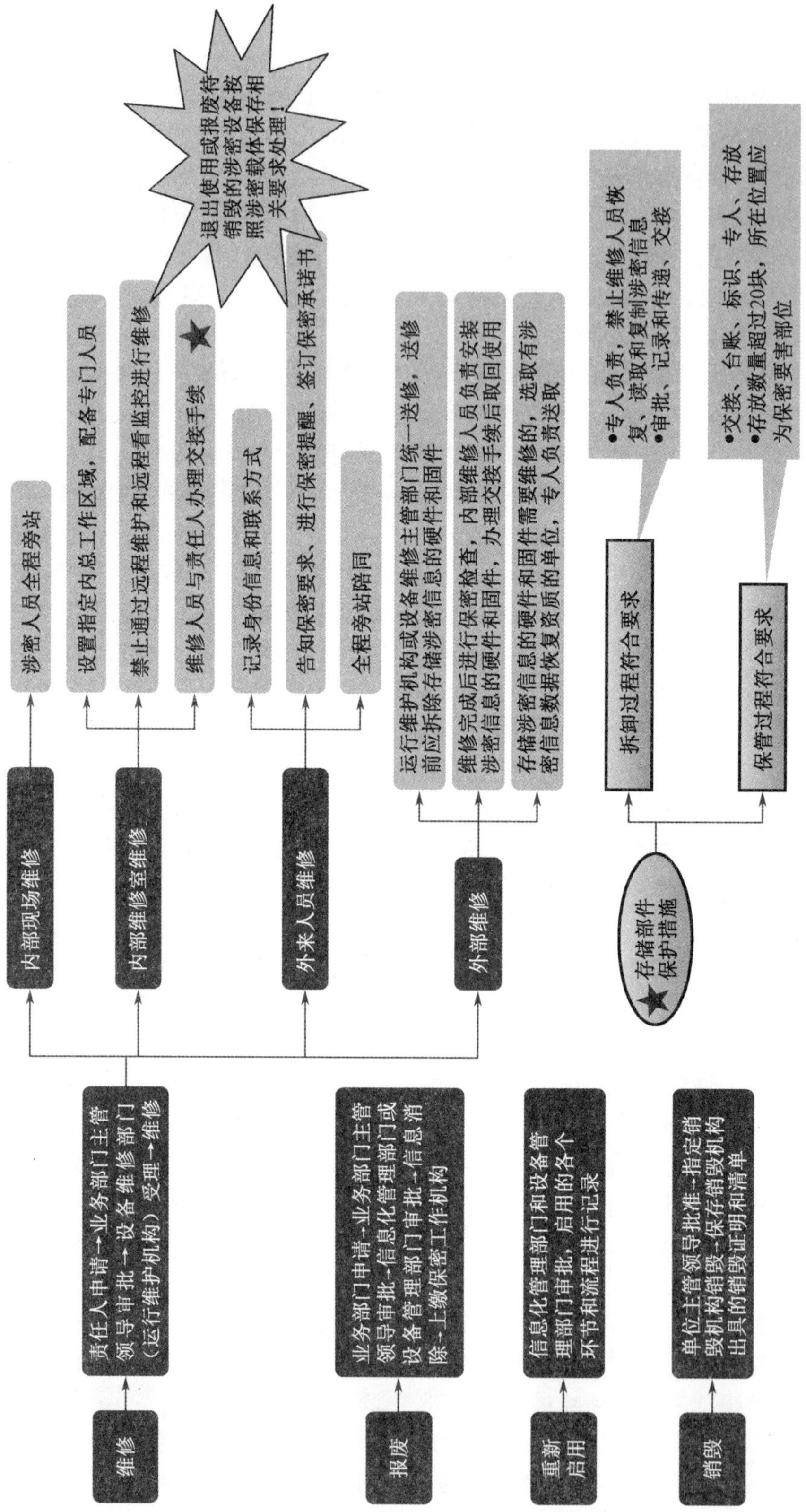

图 5.4 维修、报废、销毁流程及要求

(5)多个单位共同使用一个涉密信息系统,应当明确信息系统运行维护的主体责任单位;其他使用涉密信息系统的单位应当与其签订运行维护委托协议和保密协议,并配备相应的管理和运行维护人员(至少各配备1人),协助运行维护工作。各单位在涉密信息系统中应划分独立的安全域,并有符合保密要求的技术措施实现边界防护和访问控制。

(6)根据与外单位签订的合同,若合同中规定的内容为运行维护工作,而不是设备的维修,需要根据维修的内容委托有涉密信息系统资质的单位承担,由信息化管理部门负责签订运行维护合同,并与被委托单位签订保密协议,指定对运行维护人员的要求,由人力资源部门负责对运行维护人员进行上岗审查、保密教育,与其签订保密承诺。

维修的审批表单见表5.11、表5.12、表5.13。

表5.11　设备更换申请表

<table>
<tr><td>申请人</td><td></td><td>所属部门</td><td></td><td>密级</td><td></td><td>身份证号</td><td></td></tr>
<tr><td>设备责任人</td><td></td><td>所属部门</td><td></td><td>密级</td><td></td><td>身份证号</td><td></td></tr>
<tr><td colspan="2">现有设备</td><td colspan="6">出厂编号：　　硬盘序列号：　　放置位置：　　IP地址：</td></tr>
<tr><td colspan="2">申请事由</td><td colspan="6">拟更换的设备类型：　　拟配置设备名称：
拟定密级：　　□是□否随设备一起更换硬盘
更换原因(定密依据)：</td></tr>
<tr><td colspan="2">申请部门定密责任人</td><td colspan="6">意见：
确定设备密级：
签名：　　时间：</td></tr>
<tr><td colspan="2">信息化运行维护机构</td><td colspan="6">意见：　　□更换新机　□更换旧机
签名：　　时间：</td></tr>
<tr><td colspan="2">设备管理员</td><td colspan="6">更换后设备：　　出厂编号：　　启用时间：
旧设备:□是□否已上交,□是□否随设备一起上交硬盘
已上交设备：　　出厂编号：　　密级：
硬盘序列号：
上交人姓名：　　上交时间：
旧硬盘信息是否清除:□是□否　　清除方式：
签名：　　时间：</td></tr>
<tr><td colspan="2">运行维护人员</td><td colspan="6">操作系统名称及版本：　　操作系统安装时间：
安装操作系统使用工具名称及编号：
硬盘序列号：　　IP地址：
□是□否经系统管理员授权重装操作系统,系统管理员签名：
实际操作人签名：　　时间：</td></tr>
</table>

表 5.11(续)

安全保密管理员	安全产品安装及策略配置确认: □ “三合一”已安装,策略生效　□ 主机监控与审计已安装,策略生效 □ 身份认证网关已安装,策略生效　□ 接入控制已安装,策略生效 □ 防病毒系统已安装,策略生效　□ 打印刻录,策略生效 □ BIOS 设置,已生效　□ 域策略生效 □ 补丁接收…… 签名:　时间:
信息化管理部门	设备标签已制作,用户已领取 签名:　时间:
用户确认	旧设备上交:□ 是 □ 否　接收人姓名:　接收时间: 新设备领取:□ 是 □ 否,并查验设备与申请一致 设备标签领取:□ 是 □ 否 签名:　时间:

说明:本表适用于已有设备人员的整台设备更换。

表 5.12　设备硬件维修申请表

申请人		申请单位		密级		身份证号	
设备责任人		所属部门		密级		身份证号	
现有设备	设备类型:　设备名称: 出厂编号:　放置位置: 硬盘序列号:　IP 地址:						
需维修设备情况说明	维修事项: 故障现象:						
申请部门负责人	意见: 签名:　时间:						
信息化运行维护机构	意见:　□ 内部自修　□ 外来上门维修　□ 外送维修 签名:　时间:						
信息化管理部门	意见: 签名:　时间:						
运行维护人员实施	故障分析及解决措施: 操作过程记录: □ 内部自修　□ 外来上门维修　□ 外送维修 外来上门维修 外协人员姓名:　所属单位:　身份证号: 携带物品名称:(来)　(走)						

表 5.12(续)

运行维护人员实施	外送维修 外送人员姓名：　　　　外送时间： □ 是 □ 否由单位内部人员拆除了带有存储功能的硬件和固件,拆除人： □ 是 □ 否送修带有存储功能的硬件和固件 取回人员姓名：　　　　取回时间： 附件:外协人员工作证、身份证复印件,外来人员保密承诺书,外协单位保密协议书 其他:数据恢复的资质 签名：　　　　时间：

说明:本表适用于硬件维修,但不涉及更换硬盘的维修;如涉及更换硬盘的维修,不再办理本表,而需办理《更换硬盘、重装操作系统申请表》。

表 5.13　设备一般性运行维护申请表

申请人		申请单位		密级		身份证号	
设备责任人		所属部门		密级		身份证号	
现有设备	设备类型：　　设备名称： 出厂编号：　　放置位置： 硬盘序列号：　　IP 地址：						
维修事项说明	维修事项： 故障现象：						
申请部门负责人	意见： 签名：　　时间：						
信息化运行维护机构	意见： 签名：　　时间：						
运行维护人员实施	操作记录： 签名：　　时间：						

说明:本表适用除变更规定的内容以外的维修。

5.2.1.6 报废

涉密信息设备和涉密存储设备需要退出使用或报废时,应当向业务部门主管领导提出申请,批准后报单位信息化管理部门或设备管理部门审批,并经信息消除后,将所有存储过涉密信息的硬件和固件上交单位保密工作机构。

对需要报废处理的涉密设备和涉密介质,应进行信息消除和载体销毁处理,所采用的技术、设备和措施应符合相关标准和规定,防止失泄密事件的发生。

涉密信息系统建设使用单位不得将未经安全技术处理的退出使用的涉密计算机、涉密存储设备赠送、出售、丢弃或者改作其他用途。这里的"安全技术处理"是指为保证涉密信息安全,对退出使用的涉密计算机等涉密信息设备和涉密存储设备,采取符合国家保密标准的技术措施,包括对存储过涉密信息的硬件和固件(硬盘、电子存储器、内存条、存储芯片等)进行拆除和销毁,或者对涉密信息进行清除,采取的消除方式应当确保涉密信息无法恢复。

经过安全技术处理的涉密计算机等涉密信息设备,如果不能确保涉及国家秘密的信息不被恢复或者以其他方式获取,仍然不得赠送、出售、丢弃或者改作其他用途。

存放退出使用或者报废涉密信息系统、信息设备和存储设备的地点,应该符合保密要害部位的要求;若将退出使用或者报废待销毁的涉密信息系统、涉密信息设备和涉密存储设备重新启用,应当按规定的程序办理审批,并对设备重新启用的各个环节和流程进行详细记录。

设备上交和设备报废审批表单见表5.14、表5.15。

表5.14 设备上交申请表

<table>
<tr><td>申请人</td><td></td><td>所属部门</td><td></td><td>密级</td><td></td><td>身份证号</td><td></td></tr>
<tr><td>设备责任人</td><td></td><td>所属部门</td><td></td><td>密级</td><td></td><td>身份证号</td><td></td></tr>
<tr><td>现有设备</td><td colspan="7">设备类型:　设备名称:　密级:
出厂编号:　硬盘序列号:　放置位置:　IP 地址:</td></tr>
<tr><td>申请事由</td><td colspan="7">□ 是 □ 否随设备一起上交硬盘　□ 是 □ 否退出涉密信息系统
上交原因:</td></tr>
<tr><td>申请部门
负责人</td><td colspan="7">意见:
签名:　时间:</td></tr>
<tr><td>信息化运行
维护机构</td><td colspan="7">意见:　□ 更换新机　□ 更换旧机
签名:　时间:</td></tr>
</table>

表 5.14(续)

设备管理员	旧设备 □ 是 □ 否已上交,□ 是 □ 否随设备一起上交硬盘 已上交设备:　　　　　　　　出厂编号: 密级:　　　　　　　　　　　硬盘序列号: 上交人姓名:　　　　　　　　上交时间: 旧硬盘信息是否清除:□ 是 □ 否　清除方式: 签名:　　　　　　时间:
用户确认	旧设备上交:□ 是 □ 否　　接收人姓名:　　接收时间: 新设备领取:□ 是 □ 否,并查验设备与申请一致 设备标签领取:□ 是 □ 否 签名:　　　　　　时间:

说明:本表适用于已有设备人员设备上交。

表 5.15　设备报废申请表

申请人		申请单位		密级		身份证号	
设备 1	设备名称:　序列号:　密级:　责任人: 责任部门:						
设备 2	设备名称:　序列号:　密级:　责任人: 责任部门:						
……	……						
硬盘 1	硬盘序列号:　硬盘容量:　所属设备序列号: 责任人:　责任部门:						
硬盘 2	硬盘序列号:　硬盘容量:　所属设备序列号: 责任人:　责任部门:						
……	……						
报废原因							
申请单位 领导意见	意见: 签名:　　　　　　时间:						

表 5.15(续)

信息化 管理部门	意见： 签名：　　时间：
设备(资产) 管理部门	意见： 签名：　　时间：
分管业务 负责人	意见： 签名：　　时间：

说明：本表适用于设备报废。

5.2.1.7　销毁

单位保密工作机构应当建立销毁信息设备和涉密存储设备的清单，按照 BMB 21—2007《涉及国家秘密的载体销毁与信息消除安全保密要求》的规定，对涉密信息设备和涉密存储设备定期进行销毁。销毁前，应当将销毁设备与清单一一核对，经单位主管领导审批，送国家保密行政管理部门指定的销毁机构进行销毁。销毁机构出具的销毁证明和清单应妥善保存。

单位自行销毁的，应当保存销毁清单和相关记录，对涉密信息设备和涉密存储设备的名称、密级、序列号、经办人、采取的销毁方法和控制措施，以及销毁后残留物的最终去向等情况详细记录并存档（可采取拍照、摄像等方式）。自行销毁应确保涉密信息不可恢复。

设备销毁清单见表 5.16。

表 5.16　设备销毁清单

序号	序列号	销毁日期	名称	页数	密级	份数	销毁人	备注

表 5.16(续)

序号	序列号	销毁日期	名称	页数	密级	份数	销毁人	备注
申请单位				经办人		批准人		
接收单位				接收人		批准人		
监销单位				监销人		批准人		

5.2.2　存储设备与介质

涉密信息设备(特指用户终端)中一般不得大量存储涉密信息,除日常工作使用的涉密信息和数据外,都应当集中存放在应用服务器、数据库服务器、文件服务器或后备存储设备中。已经完成的涉密项目所使用的全部涉密文件、资料、数据,应当归档或者转储到后备存储系统中,并从涉密信息设备中删除。

(1)数据库服务器、磁盘阵列中集中存储的涉密信息,应采取管理和技术措施,实现安全可控。

①对数据库服务器、磁盘阵列、备份存储设备等集中存储的涉密信息,制定安全策略、管理要求和技术控制措施。

②一般应当采取加密、数据保护、“三员”权限控制等措施,防止集中存储和备份的关键业务数据和涉密信息被非授权查看和访问。“三员”未经授权,禁止查看和获取集中存储和备份的关键业务数据和涉密信息。

③集中存储和备份的涉密信息(文件、资料、数据)在恢复数据迁移等过程中,应当有专人负责管理,办理审批,并落实其他相关归档的审批程序,做到全程可管、可控、可追溯。

④集中存储和备份的涉密信息,应当按照保密要求存放在符合安全距离要求的建筑物中,其存放地点应当按照国家保密要求采取管理和技术保护措施,保证其安全、可控、可用。

(2)涉密移动存储设备实行集中管理,专人专管,落实责任,依据最小化授权原则确定涉密移动存储设备的安全保密控制策略，依据国家秘密的知悉范围确定使用范围。存储设备出现问题需要进行维护维修时，执行维护维修、报废销毁的管理要求。

①涉密移动存储设备应当根据涉密等级放相应的保密柜（密码保险柜）中，借用时须办理审批，用后及时归还。

②任何未经授权、没有标识、不在台账上的移动存储设备，不得在涉密信息系统、信息设备上使用，也不得在非涉密信息系统、信息设备上使用。禁止使用无法提取序列号或序列号相同的移动存储介质和外部设备。

③禁止高密级存储介质在低密级信息系统、信息设备和存储设备中使用；禁止低密级存储介质存储高密级信息；高密级存储介质用于存储低密级信息时应当按照存储介质标识的密级进行管理。

5.2.3 外出携带

单位应当根据工作需要，配备专供外出携带的涉密信息设备和涉密存储设备，并由专人集中进行管理和维护。专供外出携带的涉密信息设备和涉密存储设备，一般不得在单位内部使用。确定为单位内部使用的涉密信息设备和存储设备，一般不应当带出使用。如有特殊使用需求，或设备不够用时，经业务主管负责人和信息化管理部门审批，可以相互借用，但年度不超过 3 次。

携带涉密信息设备和涉密存储设备外出应当履行审批程序，带出前和带回时应当进行保密检查和信息清除（禁止清除各类日志）。外出期间设备的日常使用、输入输出、软硬件设备的拆卸安装、接入信息系统等，应按照保密要求管理和使用，并留存相关记录。

专供外出携带的审批单应当包括外出的时间、地点、事由，从事的涉密工作或事项的名称和密级，携带的涉密信息设备和涉密存储设备的名称、密级和编号，设备中存储的涉密电子文档信息的名称和密级，接口和端口的开放需求，外部设备接入的需求，接入外单位涉密信息系统或者与其他涉密信息设备连接的需求，是否允许导入或导出操作，外出期间使用涉密信息设备和涉密存储设备的人员名单，外出前的保密检查情况、领用和预计返还时间等。

外出期间，借用人员对涉密信息设备和涉密存储设备负有保密管理责任。携带外出的设备应当配备使用登记本，登记记录主要是：设备使用人、开关机时间、外部设备（含投影仪）接入、接入外单位涉密系统或者与其他涉密信息设备连接、导入导出等情况。导出的涉密信息应当做到安全可控，存储涉密信息的载体按保密要求管理。如果外出前未批准允许导入导出，则禁止在外出期间进行导入导出操作。

专供外出携带的涉密信息设备和存储设备应在申请事项完成后立即归还，交还时，管理人员和借用人共同进行安全保密检查并建立完整的检查记录，两人应同时在检查记录表上签字确认。超期借用应重新办理审批续借，注明原因。如因特殊情况而使原申请人无法回单位办理，应由借用人委托所在部门的兼职保密员或兼职计算机管理员代办。

携带外出的涉密信息设备和涉密存储设备，带出前应当进行必要的信息清除，以确保外出时，涉密信息设备和涉密存储设备中仅存有与本次外出工作有关的涉密信息。外出后归还的涉密信息设备和涉密存储设备，应当由借用人员负责信息清除，所采用的技术、设备和措施应当符合国家有关保密标准要求。信息清除只允许对硬盘的数据区进行操作，禁止清除系统区，以及各类日志和安全产品日志文件。

严禁将外带涉密信息设备和涉密存储设备转借其他无关人员，设备一旦发生丢失，使用者须立即向本部门、信息化管理部门和保密部门报告，并采取有效的补救措施，力求将损失降至最低。

携带外出设备和介质的外带借用归还审批表单见表 5.17、表 5.18。

表 5.17　便携式计算机及存储设备使用申请表

申请人		所属部门		密级		身份证号	
申请事由	本次借用设备从事项目名称： 项目密级： 使用区域：□ 内用 □ 外带　外带地点：　　　　使用时间： 设备借用期间责任人： 设备借用期间使用人：						
携带设备信息	□ 便携机　□ 打印机　□ 照相机　□ 录音笔　□ U 盘　□ 存储卡 设备密级：						
接入移动存储介质	接入移动存储介质需求：□ 是 □ 否 介质所属单位：□ 本单位　□ 外单位　外单位名称： 外单位介质密级：　　　　介质类型：□ 光盘　□ 红盘						
接入外设	接入外设：□ 是 □ 否　外设所属单位：□ 本单位　□ 外单位　外单位名称： 外设类型：□ 内置光驱　□ 外置光驱　□ 打印机　□ 投影仪　□ 显示器　□ 电视 外设端口类型：□ IDE　□ 串口　□ USB　□ HDMI						
软件安装	使用期间安装软件：□ 是 □ 否　　软件名称：　　　软件来源： □ 是 □ 否经过安全检测						
携带信息	随笔记本借用输出信息：□ 是 □ 否 信息名称：　　　　信息密级： 载体类型：□ 光盘　□"三合一"红 U 盘						
使用期间是否进行信息交换	信息交互：□ 是 □ 否 交互方式：□"三合一"交换　□ 只读光驱　□ 刻录光驱 提示：必须进行勾选，不勾选默认没有信息交换的需求；请根据外出携带工作需求正确判断是否进行信息交换，否则实际使用过程中进行信息交换均属违规行为						
申请部门负责人	意见： 签名：　　　　时间：						
业务主管部门	意见： 签名：　　　　时间：						

表 5.17(续)

设备管理员	设备序列号: 密级: 用途: 介质序列号: 密级: 外设名称: 序列号: 密级: 签名: 时间:
携带信息导出过程记录	介质类型:□ 光盘 编号: 密级: □“三合一”红 U 盘 序列号: 密级: 经查验,输出信息与申请信息一致:□ 是 □ 否 签名: 时间:
携带前检查	设备情况:□ 设备良好可正常使用 □ 设备故障不可正常使用 操作系统补丁情况: 防病毒系统补丁情况: 全盘杀毒情况: 签名: 时间:
用户归还自查	□ 随机配套光盘 编号: 信息导出审批单编号: 光盘去向: □ 随机配套红 U 盘 序列号: 信息导出审批单编号: 本地信息全部清除:□ 是 □ 否 使用期间按照软件卸载:□ 是 □ 否 使用期间实际使用情况与登记记录、申请审批一致:□ 是 □ 否 不一致情况描述: 签名: 时间:
归还检查	1. 互联网等公共信息网络访问记录:□ 是 □ 否(状态描述) 2. 未经审批访问涉密信息系统等内部网络:□ 是 □ 否(状态描述) 3. 未经审批接入移动存储介质或其他信息设备:□ 是 □ 否 名称: 序列号: 4. 是否存在与工作无关内容:□ 是 □ 否 5. 是否清理了全部信息:□ 是 □ 否 6. 光驱中是否留有光盘:□ 是 □ 否 光盘编号: 密级: 7. 便携式计算机易碎贴及标识是否完好:□ 是 □ 否(状态描述) 8. PKI 密匙、红黑隔离电源、配套红盘是否完好:□ 是 □ 否(状态描述) 9. 刻录、打印系统日志是否异常:□ 是 □ 否(状态描述) 10.“三合一”U 盘存储文件:□ 是 □ 否 名称: 密级: 11. 主机监控审计系统记录异常:□ 是 □ 否(状态描述) 12. 防病毒系统异常:□ 是 □ 否(状态描述) 13. 审计记录与登记记录是否一致:□ 是 □ 否(状态描述) 14. 已完成全部检查、并关闭全部开发策略及断口:□ 是 □ 否 签名: 时间:

说明:本表适用于用户因工作需要申请使用便携式计算机及存储设备。

表 5.18　便携式计算机及存储设备使用申请表

序号	使用时间	使用人单位	使用人姓名	操作内容	责任人检查情况	备注
1				□ 打印机　序列号：　密级：　所属单位：　打印文件名称： 页数：　份数： □ 光驱　光盘来源：　密级：　编号： 信息名称：　信息密级： □ 红盘　序列号：　红盘来源：　密级： 导入信息名称：　信息密级： 导出信息名称：　密级： □ 仅使用,未作其他用途　操作内容(含接入投影仪、显示器)：	(有无异常及违规,并签字)	(含临时申请调整策略、安装软件、下载存储信息及审批情况)
2				□ 打印机　序列号：　密级：　所属单位：　打印文件名称： 页数：　份数： □ 光驱　光盘来源：　密级：　编号：　信息名称： 信息密级： □ 红盘　序列号：　红盘来源：　密级： 导入信息名称：　信息密级： 导出信息名称：　密级： □ 仅使用,未做其他用途　操作内容(含接入投影仪、显示器)：		

表 5.18(续)

序号	使用时间	使用人单位	使用人姓名	操作内容	责任人检查情况	备注
3				□ 打印机序列号：　密级：　所属单位：　打印文件名称： 页数：　份数： □ 光驱　光盘来源：　密级：　编号：　信息名称： 信息密级： □ 红盘　序列号：　红盘来源：　密级： 导入信息名称：　信息密级： 导出信息名称：　密级： □ 仅使用,未作其他用途　操作内容(含接入投影仪、显示器)：		
4				□ 打印机序列号：　密级：　所属单位：　打印文件名称： 页数：　份数： □ 光驱　光盘来源：　密级：　编号：　信息名称： 信息密级： □ 红盘　序列号：　红盘来源：　密级： 导入信息名称：　信息密级： 导出信息名称：　密级： □ 仅使用,未作其他用途　操作内容(含接入投影仪、显示器)：		

5.2.4 导入导出

涉密信息系统中的导入导出，要满足国家保密相关要求，符合单位实际工作需求，采取严格的控制和管理措施，以确保信息安全保密。根据单位内部涉密网络中信息输入输出的实际情况，对输入输出操作过程中的信息、人员、计算机、介质等因素进行分析，明确需要具体进行控制和管理的要素。

1. 信息导入导出点的设置

依据安全策略和管理制度，在满足业务工作需求的同时，按“最小化”原则设置涉密信息系统、涉密信息设备的导入导出点。根据工作需求，按照区域、建筑物、部门的原则，设置集中信息交换点（按部门/科室/机构/场所设置1～2个），按照业务类型配备相应的导入导出设备，专人负责管理。一般来说，一个集中信息交换点满配的配置不连接信息系统、信息设备和存储设备的非涉密中间机，而是涉密中间机、连入信息系统、信息设备和存储设备的信息交换机（信息输入机、非涉密信息输出机、涉密信息输出机）。这些设备实行集中管理，指定专人负责管理和操作。中间机和信息交换机不得长期存储涉密信息，进行信息交换后应及时删除。

导入设备（导入信息设备，以及单向导入装置、移动光驱、扫描仪、移动硬盘、读卡器等）和导出设备（导出信息设备，以及打印机、绘图仪、光盘刻录机、移动硬盘等）按照管理制度和安全策略的要求进行管控。

没有确定为信息导出点的涉密信息系统服务器、用户终端和涉密计算机等信息设备，禁止连接具有导出功能的信息设备。

通常，外来的非涉密信息（电子文档）的载体可以是移动存储介质（含存储卡）、一次性写入光盘；外来涉密信息（电子文档）的载体只能是一次性写入光盘。单位内涉密信息（电子文档）的载体在单位内交换时可使用保密技术防护专用系统授权注册的介质或一次性写入光盘，对外导出时只能使用一次性写入光盘。

2. 安全防护要求

集中信息交换点至少设置涉密中间机与非涉密中间机各1台，用于外来信息导入至信息交换机，中间机的密级按其存储和处理的涉密信息的最高密级确定。中间机需要安装与涉密信息系统或涉密计算机不同品牌要求的防病毒系统和恶意代码查杀系统（必须为国产杀毒软件）。

中间机应及时升级防病毒软件，及时更新病毒库防止感染病毒、木马、恶意代码和间谍软件，更新周期为每半个月一次。外来的数据均须通过中间机进行病毒和恶意代码查杀。中间机须定期更新系统补丁，在补丁程序发布后3个月内及时安装，保证系统的安全性。

涉密中间机和信息交换机使用的光盘（含工具光盘）严禁在任何非涉密中间机、非涉密信息系统或非涉密信息设备上再次查看和使用，导入使用的光盘禁止重复刻录。

中间机作为单向导入设备，不允许处理与信息导入无关的业务工作，禁止进行除单向导入以外的任何导出操作。

信息交换机须划分独立的VLAN，设置VLAN仅能访问指定专门用于信息导入导出的应用服务器，并在专门用于信息导入导出的应用内设置访问控制策略，其中非涉密信息导出机仅允许用户访问内部或非涉密信息。信息交换机分别配置专门用于信息导入导出的应用账户，明确专人负责。

3. 监控和审计

用户须通过打印、刻录监控与审计系统进行审批后刷卡输出，经过查验后领取，严禁涉密信息系统和涉密信息设备用户擅自连接未经授权的打印机。特殊业务的专用打印机（条码打印机、票据打印机、凭证打印机等）只允许打印业务相关的非涉密信息，通过打印监控与审计系统对本地打印机进行打印授权和后台行为审计，禁止输出涉密信息或与审批规定的业务范围无关的信息。

如涉密打印任务发生打印异常情况（如因设备故障，造成实际涉密输出文件与申请打印文件的页数不符等），应经相关见证人签字证明，业务部门领导确认，运行维护机构鉴定，保密部门备案后，载体管理职能部门方可对打印的涉密载体台账进行处理。

4. 导入导出流程

（1）涉密信息系统和涉密信息设备信息导入

非涉密信息导入涉密信息系统和涉密信息设备，应当通过单向导入设备（如“三合一”单向导入装置、非涉密中间机等）导入。

将 USB 接口的非涉密移动存储设备接入“三合一”单向导入装置绿口（非涉密导入口），信息导入涉密信息系统和涉密信息设备。记录导入过程，审批单和操作记录应当存档备案。

将非涉密移动存储设备接入非涉密中间机，进行计算机病毒、木马程序、恶意代码和间谍软件的查杀，然后在非涉密中间机上将信息刻录到一次性写入光盘，通过光盘将信息导入涉密信息系统和涉密信息设备。记录导入过程，审批单和操作记录应当存档备案。导入使用的光盘应当进行标识记录，禁止重复刻录，光盘使用后不得再次在非涉密中间机、非涉密信息系统或非涉密信息设备中查看或使用。

涉密信息应当采取可控的单向导入方式（如“三合一”单向导入装置、涉密中间机等）将涉密信息导入到涉密信息系统或者涉密信息设备中。

外来涉密信息的载体为“三合一”特种涉密移动存储设备（红盘），且适合接入本单位“三合一”单向导入装置的，可将其接入“三合一”单向导入装置（红口），涉密信息导入涉密信息系统和涉密信息设备（同时应当判断红盘的访问控制策略是否符合保密标准的要求）。

外来涉密信息的载体为涉密存储设备（非“三合一”特种涉密移动存储设备），具有明确的密级标识、编号和责任人时，将承载涉密信息的光盘接入涉密中间机，进行计算机病毒、木马程序恶意代码和间谍软件的查杀后，可以直接使用该光盘将涉密信息导入涉密信息系统和涉密信息设备；也可以将涉密信息从涉密中间机上拷贝到本单位“三合一”特种涉密移动存储设备中，再导入涉密信息系统和涉密信息设备。记录导入过程，涉密光盘应当按照保密要求进行管理。

外来涉密信息的载体不能判定为涉密存储设备（非“三合一”特种涉密移动存储设备，不具有明确的密级标识、编号和责任人）时，应当首先验证是否为涉密存储设备，是否存储涉密信息。如果能够确定为涉密存储设备，存储有涉密信息，则将承载涉密信息的光盘接入涉密中间机，进行计算机病毒、木马程序、恶意代码和间谍软件的查杀，之后将信息刻录一次性光盘，或者拷贝到“三合一”特种涉密移动存储设备中，再导入涉密信息系统和涉密信息设备。如果确定为非涉密存储设备，或者无法判定，则应当退还提供单位，并对其进行保密警示提醒。

（2）涉密信息系统和涉密信息设备信息导出

涉密信息系统和涉密信息设备中的非涉密信息导出时，一般应当导出到纸质介质。确因工作需要将信息导出到存储介质时，应当采取刻录一次性光盘的方式，不得导出到其他移动存储设备（如果非涉密信息仅在涉密信息系统和涉密信息设备中使用，则可以导出到“三合一”特种涉密移动存储设备中）。应当在导出点配备具有光盘刻录功能的信息设备，或配置移动光盘刻录设备，并指定专人负责管理和使用。导出完成后应当做好记录，并卸载移动光盘刻录装置，或关闭数据接口。非涉密信息导出后，单位应当指定专人对信息内容进行非涉密审查，确认无涉密信息后，方可领用，以及对外传递和发布。

5. 导入导出审批要求

信息导入涉密信息系统和信息设备应当办理审批手续，审批单上应当注明信息的名称、来源、用途、承载的移动存储设备（包括移动存储设备的名称、型号、容量、序列号）等。导入过程也须记录，审批单和操作记录应当存档备案，若采用中间机转刻一次性光盘的方式，转刻的光盘也须建账、粘贴标识，标明涉密属性（主要是用于区分非涉密已在窗口机读取或涉密已在窗口机读取，非涉密未在窗口机读取或涉密未在窗口机读取），保存 6 个月。其中非涉密已在窗口机读取的转刻光盘和涉密转刻光盘应按照涉密载体妥善保管。

涉密信息系统和信息设备中的信息导出应履行审批程序，审批单上应包含导出信息的名称、密级、页数、分数、用途、去向、申请人相关信息等。一般应当由业务部门负责人进行审批，业务部门负责审批的负责人不能进行审批时，应当授权相应的涉密人员负责导出审批。实行管理和技术控制措施，保证导出信息在审批和导出过程中的完整性和唯一性，并采取控制措施禁止变更信息内容或者增加附件。

6. 其他要求

“三合一”单向导盒不得配置在非涉密信息设备上使用，非涉密 USB 接口（绿口）应当控制使用，涉密 USB 接口（红口）应当做好策略设置（不得设置为通用策略）。

照相机存储卡等不具备可读序列号的移动存储设备，应当在涉密与非涉密中间机上配置固定的、具有可控序列号的读卡器（序列号须唯一），将存储卡中的信息导入到涉密信息系统和涉密信息设备中，更换读卡器须进行审批。

单台涉密信息设备之间，或与涉密信息系统进行信息交换时，通过“三合一”单向导盒，使用专用 U 盘（红盘）进行信息交换。

禁止将照相机、摄像机等声像设备直接接入信息设备进行信息导入，只能使用固定的存储卡和读卡器进行信息导入。

照相机、摄像机存储卡中的内容须导入涉密信息系统，其中涉密存储卡和涉密读卡器专门配备一套单导盒，通过物理方式将涉密读卡器和单导盒绿口绑定，单导盒不能挪作他用。用户将所内专用涉密读卡存储卡插入指定涉密读卡器进行涉密照相机、摄像机中的信息导入。导入过程应遵循导入导出要求。

涉密信息系统和信息设备导出涉密信息时，形成的涉密载体应遵循涉密载体的管理要求。导出的纸质涉密文件或涉密光盘应当有不可篡改的标识，保证导出信息的唯一可核查性。导出的涉密光盘须制作光盘封面，封面上有不可篡改的标识，保证导出信息的唯一可核查性。未建立导出信息监控审计系统的部门，须建立严格的导出信息记录和领取载体登记制度。

涉密信息系统和信息设备中的非涉密信息导出时，应当导出到纸介质/光盘/红盘。非涉密信息导出后，由指定的专人对信息内容进行非涉密审查，确认无涉密信息后，方可领用，以及对外传递和发布。

涉密信息系统内部进行涉密信息交换时，应当经本业务部门有审批权限的负责人批准后，采用涉密信息系统内提供的信息交换方式进行。

单位内部单台涉密信息设备之间，或与涉密信息系统进行信息交换时，应当经本业务部门有审批权限的负责人批准后，通过“三合一”单向导入装置，使用“三合一”特种涉密移动存储介质或者使用具备技术控制措施的涉密移动存储设备进行信息交换。

信息输入输出流程如图5.5所示。提示：如果单位直接使用“三合一”单向导入盒通过信息导入机（窗口机）进行信息输入，即不使用中间转换机，使用非涉密U盘插入“三合一”的绿口进行导入也符合要求，但会缺少一道设置在中间机上的防病毒系统和恶意代码查杀系统的防护，会大大增加病毒和恶意代码对涉密信息系统和信息设备造成的风险，这里不建议用这种方式。

涉密相机卡应配置相应密级的读卡器，通过“三合一”单向导入装置的绿口进行导入，采用开放PID和VID的方式将读卡器直接连接涉密中间转换机，这种利用硬件白名单的方式风险较大（PID和VID是很容易改写的），建议严格控制此类用法，确因工作需要须经审批后使用，并要在物理上对读卡器和单导盒进行绑定。

目前有部分单位选择了输入输出自助方式。在传统的输入输出方式中采用新技术、新机器、新设备，实现自助方式，为用户提供方便的同时，也存在着安全隐患。输入输出自助方式的优缺点：

优点：减少了过程中的操作环节，提高办公效率，规范审批环节（通过系统线上审批才能进行输入输出），可减少部分人为的失误；日志记录方便查询、汇总和统计；可追溯输入输出的内容，有利于实现闭环管理，通过事前申请、事中控制、事后审计的方式增强安全性。

缺点：自由度较人工方式下降，对例外情况无法处理；增加了场地、设备、人员管理的风险；产品、设备可能存在安全漏洞，对产品、设备、场所的稳定性和安全性要求变高；自助系统使用时用户可能存在安全意识不足或操作不当的情况；与标准要求的专人管理、专人操作要求不一致。

信息导入导出使用申请表见表5.19、5.20。

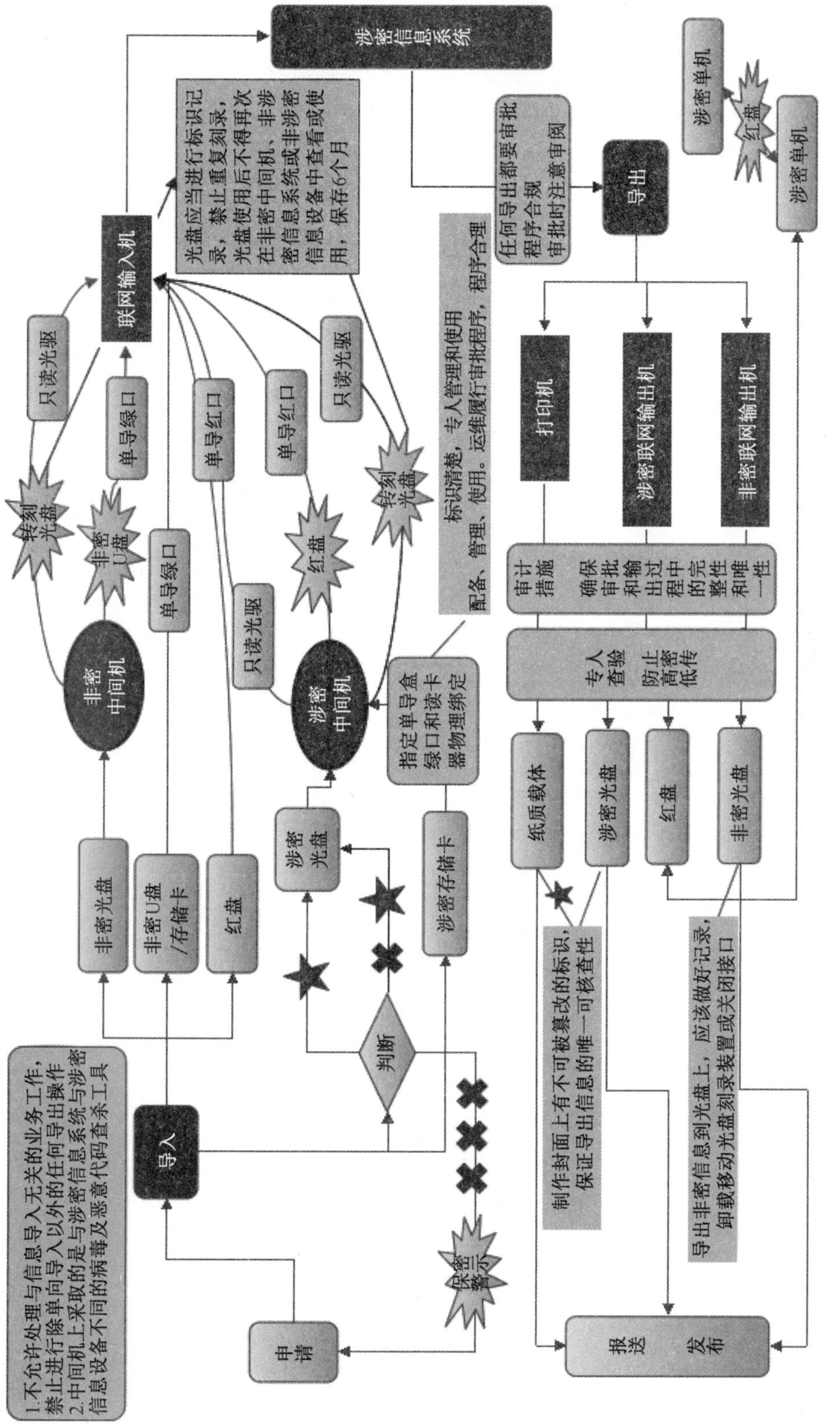

图 5.5 信息输入输出流程

表 5.19　信息导入使用申请表

申请人		所属部门		密级		身份证号	
导入介质情况	介质种类:□ 光盘　□ U 盘　□ 移动硬盘　□ 存储卡 介质型号:　　介质来源单位: 介质密级:□ 涉密　□ 非涉密　介质序列号:						
互联网导入	登录网址:　　上网地点: 导入涉密信息系统:□ 是　□ 否						
扫描导入	纸质文件来源单位:						
导入信息名称			页数/份数				
用途			密级				
信息类型							
去向及使用范围	部门:　　人员姓名:						
申请单位负责人	意见: 签名:　　时间:						
信息化运行维护机构	意见: 签名:　　时间:						
互联网导入记录	上互联网时间:　　互联网刻录光盘编号: 互联网打印文件名称:　　页数/份数:						
导入过程记录	中间机使用情况:□ 涉密　□ 非涉密 病毒及恶意代码查杀:□ 是　□ 否 信息摆渡方式:□ 普通 U 盘　序列号:　密级: □ “三合一”红 U 盘　序列号:　密级: □ 转刻光盘　编号: 源盘处理:□ 归还原单位　□ 单位内销毁　□ 单位内归档 签名:　　时间:						

说明:本表适用于用户因工作需要导入外部信息使用。

表 5.20　信息导出使用申请表

申请人		申请单位		密级		身份证号	
导出信息名称			页数/份数				
密级			用途				
去向	部门:　　人员姓名:						
导出数据类型	□ 电子信息(红盘)　□ 电子信息(光盘)　□ 纸质文档(打印) 是否上互联网发布信息:□ 是 □ 否 登录网址: 上网地点:						

表 5.20(续)

附件	(注释:导出电子信息,严禁上传压缩文件)
申请部门 定密责任人	意见: 签名:　　　　时间:
主管业务机关	意见: 签名:　　　　时间:
输出点审查	意见: 签名:　　　　时间:
导出过程记录	□ 电子信息(红盘)　序列号:　　　密级: □ 电子信息(光盘)　编号:　　　密级: □ 纸质文档(打印)　编号:　　　密级: 输出信息与申请信息一致 签名:　　　　时间:

5.2.5　软硬件拆卸安装

涉密信息系统和信息设备的软硬件的安装、扩展、缩减、拆卸应履行审批手续,采取技术手段控制擅自安装和卸载任何软件或改变任何外部设备的状态的行为。

涉密信息系统中的服务器、网络设备等软硬件的安装与拆卸,由运行维护人员提出申请,经过运行维护机构和信息化管理部门批准后实施;涉密信息系统中的用户终端和单台涉密信息设备等,安装操作系统应当由责任人或使用人提出申请,经过业务部门和运行维护机构批准后实施。

涉密信息系统和信息设备格式化或安装操作系统应按要求办理审批,重装操作系统应当由系统管理员或者其授权的人员负责安装;安装操作系统后,须根据信息设备的涉密等级和安全需求,由安全保密管理员安装必要的安全保密产品,配置完整的安全策略,更新台账相关内容,并将审批表、安装记录,以及授权安装表等存档备案。未经批准和授权,任何人不得擅自对涉密信息系统和涉密信息设备进行格式化,或安装操作系统。新购计算机确定为涉密计算机后,须重新安装操作系统。

安装操作系统时,应当详细记录安装时间、操作系统名称和版本号、操作系统安全策略配置、应用软件安装、安全保密产品安装和策略设置、安装人员和策略设置人员等。操作系统的版本信息、安装时间、安装记录应当与台账中记录一致。

重装操作系统应使用正版安装光盘,如果采用 GHOST 盘或者硬盘备份等方式进行操作系统安装,则安装记录表中应当记录 GHOST 盘或者硬盘备份盘上的操作系统时间和实际的操作系统安装时间,需注意的是这种方式仅限于单位自己制作的工具盘。

单位年度经过审批对涉密信息设备进行格式化重装操作系统的设备数量,以及更换硬盘的设备数量,不得超过单位涉密信息系统服务器、用户终端和涉密计算机等信息设备总数的 20%。现场审查前 6 个月内,更换涉密信息系统服务器、用户终端、涉密计算机硬盘,重装操作系统的数量，不得超过涉密信息系统服务器、用户终端、涉密计算机总数的 20%（导入导出专用计算机、中间机和涉密便携式计算机的数量，单独按其总数的 20% 计算）。

工具软件和应用软件应列入软件白名单（操作系统、安全保密产品、检查检测工具、清除工具等除外）。列入软件白名单前应先进行计算机病毒与恶意代码的查杀、查验，之后按照信息交换的要求存放在指定的服务器或固定的存储设备中。用户安装或卸载软件白名单的软件不必履行审批程序，但须获得系统管理员授权。

涉密信息系统和信息设备因工作需要安装不在软件白名单中的软件，应当办理审批程序，应当经过业务部门领导和运行维护机构批准，对软件进行计算机病毒与恶意代码的查杀、查验后方能安装。安装完成之后，应当对安装软件的设备、安装人、安装时间、安装介质进行记录。

涉密信息系统和涉密信息设备因工作需要新增或拆除硬件设备或者部件，应当由责任人提出申请，经过业务部门和运行维护机构批准后实施，并保存相关记录。

运行维护机构日常工作时所使用的硬件或软件，包括移动光驱、检查工具等，应当根据用途分为涉密专用和非涉密专用，并纳入台账管理，使用时应当经过信息化管理部门的审批。

因工作需要，必须配备的涉密信息设备和存储设备上的各类无线功能部件无法拆除时，应采用物理或技术手段，对无线功能部件做破坏处理，同时采取硬件禁用的方式，使其在任何情况下无法启用无线通信功能。

涉密信息系统和信息设备未经审批，不得擅自删除存储介质及外部设备连接等日志记录。

软硬件拆卸安装的申请表单参考如下。

更换硬盘、重装操作系统申请表见表 5.21。

表 5.21　更换硬盘、重装操作系统申请表

申请人		所属部门		密级		身份证号	
设备责任人		所属部门		密级		身份证号	
现有设备	设备类型： 出厂编号： 硬盘序列号：					设备名称： 放置位置： IP 地址：	
申请事由	□ 更换硬盘，重装操作系统 □ 仅重装操作系统 原因说明：						
申请部门负责人	意见：			签名：		时间：	
信息化运行维护机构	意见：			签名：		时间：	

表 5.21(续)

设备管理员	更换后新硬盘序列号: 旧硬盘:□ 是 □ 否已上交　密级:　　　　硬盘序列号: 上交人姓名:　　　　　　　　　　　　　上交时间: 旧硬盘信息是否清除:□ 是 □ 否　　　　清除方式: 签名:　　　　　　　　时间:
运行维护人员	操作系统名称及版本:　　　　　　　　　操作系统安装时间: 安装操作系统使用工具名称及编号:　　　　硬盘序列号: 旧硬盘信息是否转存至新硬盘:□ 是 □ 否　　转存方式: □ 是 □ 否经系统管理员授权重装操作系统　　系统管理员签名: 实际操作人签名:　　　　　　时间:
安全保密管理员	安全产品安装及策略配置确认: □ "三合一"已安装,策略生效　　　□ 主机监控与审计已安装,策略生效 □ 身份认证网关已安装,策略生效　□ 接入控制已安装,策略生效 □ 防病毒系统已安装,策略生效　　□ 打印刻录,策略生效 □ BIOS 设置,已生效　　　　　　□ 域策略生效 □ 补丁接收…… 签名:　　　　　　　　时间:
信息化管理部门	设备标签已制作,用户已领取 签名:　　　　　　　　时间:
用户确认	旧设备上交:□ 是 □ 否　　接收人姓名:　　　　　　接收时间: 新设备领取:□ 是 □ 否,并查验设备与申请一致 设备标签领取:□ 是 □ 否 签名:　　　　　　　　时间:

说明:本表适用于更换硬盘、重装操作系统。

设备软件安装申请表见表 5.22。

表 5.22　设备软件安装申请表

申请人		申请单位		密级		身份证号	
设备责任人		所属部门		密级		身份证号	
现有设备	设备类型:　　　　　　　设备名称: 出厂编号:　　　　　　　放置位置: 硬盘序列号:　　　　　　IP 地址:						

表 5.22(续)

软件安装原因	软件名称: 软件来源: 原因说明: □ 是 □ 否通过信息交换渠道对软件安装包进行了病毒及恶意代码查杀,未发现问题
申请部门负责人	意见: 签名: 时间:
信息化运行维护机构	意见: □ 内部自修 □ 外来上门维修 □ 外送维修 签名: 时间:
信息化管理部门	意见: 签名: 时间:
运行维护人员实施	□ 是 □ 否开通系统管理员权限,时间: □ 是 □ 否回收系统管理员权限,时间: 签名: 时间:

说明:本表适用于非软件白名单上的软件安装。

硬件安装拆卸申请表见表 5.23。

表 5.23 硬件安装拆卸申请表

申请人		所属部门		密级		身份证号	
设备责任人		所属部门		密级		身份证号	
现有设备信息	设备类型: 设备名称: 出厂编号: 放置位置: 硬盘序列号: IP 地址:						
设备接入/拆除 设备端口调整	申请原因: 申请模式:□ 接入设备名称: 序列号: 密级: □ 拆除设备名称: 序列号: 密级: 去向: □ 开通端口: 时间范围:□ 年 月 日至 年 月 日 □ 长期						
申请部门负责人	意见: 签名: 时间:						
信息化管理部门	意见: 签名: 时间:						

表 5.23(续)

保密管理部门	意见： 签名：　　　　　　时间：
安全保密管理员	操作记录： （注释：须写明开通时间和关闭时间及具体调整措施） 签名：　　　　　　时间：

说明：本表适用于接入/拆除外设、端口开放。

5.2.6　非涉密计算机

不得在非涉密信息设备内产生、存储、处理和传递国家秘密信息，不得连接其他涉密信息设备。

涉密场所的非涉密信息设备不得擅自直接接入国际互联网和其他公共服务网络，通过审批拟接入国际互联网和其他公共服务网络的计算机，应遵循互联网计算机的管理要求。

独立非涉密信息系统执行等保要求，与涉密信息系统互联互通，详见“专用系统或设备管理要求”一节(5.1.4)。

5.2.7　互联网计算机

互联网计算机原则应实行集中使用，并指定专人负责管理和维护，对使用情况和信息的导入导出进行监控和记录。确因工作需要分散使用的互联网计算机在通过审批后，也应当明确责任人，责任人对互联网计算机的使用和信息导入导出情况负责管理，并进行监控和记录。

涉密场所接入的互联网，应选择取得经营许可证的互联网接入服务提供商，采取有线局域网的方式接入互联网。每一处独立的科研生产园区，互联网接入口不得超过2个。

放置在涉密场所的互联网计算机不得配备、安装和使用摄像头、麦克风等视频、音频输入设备，配置专用非涉密打印机。

采用实名制登录和上网行为监控审计等技术措施，对互联网接入计算机的上网时间、浏览网页、发送邮件、下载信息等进行监控和记录，监控和记录的信息至少保存100天，保存期内记录不得修改或者删除。

计算机接入国际互联网前，或接入国际互联网计算机的使用地点、数量、使用单位等信息发生变化时，要履行审批手续，未经批准不得接入国际互联网。

单位上互联网发布或使用信息时应根据上互联网的事项，按照相关业务要求先办理对应的审批后(如导入审批、导出审批、新闻宣传报道审批、上互联网审批等)，再上互联网发布或使用信息。

5.2.8　信息安全保密档案

全部工作做完后，应形成的工作档案如下。

信息系统、信息设备和存储设备档案目录见表5.24。

表 5.24 信息系统、信息设备和存储设备档案目录

序号	文件名称	密级	页数	备注
一	涉密信息系统卷			
(一)	涉密信息系统			
1	涉密信息系统密级界定审批确认文件			一般为上级批文
2	涉密信息系统接入方案(子方案)及评审意见书			
3	涉密信息系统分级保护测评/风险评估申请书			上报文档的签收回执
4	涉密信息系统分级保护测评/风险评估报告			总中心签字盖章生效,接收文件的签字时间
5	涉密信息系统分级保护测评/风险评估整改报告			
6	涉密信息系统审查合格证申请书(含换发申请)			上报文档签收回执
7	涉密信息系统审查合格证			注意:许可证内的信息与方案、测评、实际相一致
8	涉密信息系统建设方案和验收报告			
9	涉密信息系统集成建设工程监理单位资质证书、合同和监理报告			
10	涉密信息系统集成资质(含单项资质)			运行维护、软件开发、屏蔽室、安防等
11	网络拓扑图			注意:与方案、申请书、测评报告、实际相一致
12	访问、下载、存储、传输知悉范围以外的国家秘密审批记录			样表即可,可提供应用系统信息传输、系统内文件借阅、系统数据归档等过程记录
13	涉密信息系统扫描基础设施或介入扫描设备的审批记录			集团委托测评中心到各单位做的渗透性攻击、涉密信息系统的漏洞扫描、测评或风评时进行的系统扫描等
14	涉密信息系统应急响应预案			可以使用单位统一的应急响应预案,不一定是独立的
15	涉密信息系统应急响应演练记录			
16	涉密信息系统应急响应培训记录			
17	涉密信息系统应急响应实际工作记录			

表 5.24(续 1)

序号	文件名称	密级	页数	备注
(二)	特殊设备/系统接入涉密信息系统			根据接入的形式自选 1、2、3 的档案
1	接入涉密信息系统			申请换发许可证以后的档案同(一)
(1)	安全保密方案			方案独立编制
(2)	专家评审会意见和评委名单			注意:专家专业和机构的覆盖性
(3)	测评/风评申请书及报告			测评/风评可独立进行或与涉密信息系统一起进行
(4)	整改报告			
2	独立组网(涉密)			独立测评,档案同(一)
3	单台设备			
(1)	安装安全防护措施和策略的审批记录			
(2)	专项制度和监督检查记录			仅针对无法安装安全防护措施的情况
(三)	应用系统单项检测			针对独立进行测评的涉密应用系统,申请换发许可证以后的档案同(一)
1	应用系统测评或风险评估申请书			
2	应用系统测评或风险评估报告			
3	应用系统测评或风险评估整改报告			
二	机构和人员卷			
1	信息化管理机构设置文件			红头,可以是单位整体的组织机构设置的红头文件,也可以是独立的信息化管理部门设置的文件
2	信息化管理机构人员任命文件			
3	信息化运行维护机构设置文件			红头,可以是单位整体的组织机构设置的红头文件,也可以是独立的信息化管理部分设置的文件
4	信息化运行维护机构人员任命文件			提供本单位人力资源部门对人员的任命(含委外运行维护的)
5	最大化配置三员的记录			满足实际工作需求的履职记录
6	三员岗位设置文件			

表 5.24(续 2)

序号	文件名称	密级	页数	备注
7	三员的定密审批记录			
8	三员的上岗审查记录			注意:委外运行维护的还需要提供人员所在单位出具的审查记录
9	三员的培训教育记录(含培训证书)			
三	安全体系文件卷			
1	安全体系文件			信息系统、信息设备和存储设备的安全策略、管理办法、操作规程
2	安全体系文件的审批记录			符合单位行文要求的审批单,信息化管理机构发文,信息化主管领导的签发
3	安全体系文件组织编制和审查记录			如会议纪要、带意见的传阅记录、工作部署安排等
4	安全体系文件调整报告			含调整依据和分析
5	安全体系文件的培训计划			需体现全员培训
6	安全体系文件的培训签到记录			需体现全员培训
四	运行维护卷			
1	运行维护工作制度			面向于运行维护机构内部,运行维护机构内部审签即可
2	运行维护操作规程			
(1)	涉密信息系统域策略配置和操作规程			
(2)	涉密信息系统交换机配置和操作规程			
(3)	涉密信息系统防火墙策略配置和操作规程			
(4)	涉密信息系统入侵检测策略配置和操作规程			
(5)	涉密信息系统主机监控与审计系统策略配置和操作规程			
(6)	涉密信息系统补丁分发系统策略配置和操作规程			
(7)	涉密信息系统病毒防护系统策略配置和操作规程			

表 5.24(续 3)

序号	文件名称	密级	页数	备注
(8)	涉密信息系统保密技术防护专用系统策略配置和操作规程			
(9)	涉密信息系统身份认证系统策略配置和操作规程			
(10)	涉密信息系统接入控制系统策略配置和操作规程			
(11)	涉密信息系统安全 NAS 系统策略配置和操作规程			
(12)	涉密信息系统打印监控审计系统策略配置和操作规程			
(13)	涉密信息系统光盘刻录审计系统策略配置和操作规程			
(14)	涉密信息系统安全网络策略配置和操作规程			含堡垒机
(15)	涉密信息系统保密检查系统策略配置和操作规程			
3	三员运行维护工作和操作记录			样表,对应岗位职责,证明其履行职责的记录(选择典型的设备、系统)
五	全生命周期档案卷			根据类型,提供样机表单记录,全生命周期的过程须完整
(一)	涉密计算机			不同类型、不同部门选取样机
1	涉密计算机定密审批记录(含过程记录)			可借用业务表格实现定密过程,不需专门的审批表
2	涉密计算机配置(入网)审批记录(含过程记录)			注意:配置过程记录要完整(要素完整、内容完整)
3	涉密计算机使用记录(含过程记录)			主要针对外出携带、扩大知悉范围、非涉密人员使用、外来人员使用等
4	涉密计算机变更审批记录(含过程记录)			涉密等级、责任人、放置地点、用途变更等
5	涉密计算机维护审批记录(含过程记录)			软硬件拆卸安装记录,安全产品维护记录,策略开放关闭记录,应用系统维护、日志修改等记录

表 5.24(续 4)

序号	文件名称	密级	页数	备注
6	涉密计算机维修审批记录(含过程记录)			计算机上不同硬件维修审批记录、重装操作系统记录、外来人员维修记录等
7	涉密计算机退网审批记录(含过程记录)			注意:计算机上原有数据的处置方式的记录
8	涉密计算机停用审批记录(含过程记录)			
9	涉密计算机报废审批记录(含过程记录)			注意:带有存储功能的硬件和固件的交接及存储位置的记录
10	涉密计算机销毁审批记录(含过程记录)			
(二)	涉密服务器			
1	涉密服务器的采购记录			
2	涉密服务器定密审批记录(含过程记录)			可借用业务表格实现定密过程,不需专门的审批表
3	涉密服务器配置(入网)审批记录(含过程记录)			注意:配置过程记录要完整(要素完整、内容完整)
4	涉密服务器使用记录(含过程记录)			主要针对服务器及其服务的重启、数据库和应用系统的补丁升级、外来人员使用等
5	涉密服务器变更审批记录(含过程记录)			涉密等级、责任人、放置地点、用途变更等
6	涉密服务器维护审批记录(含过程记录)			软硬件拆卸安装记录,重装操作系统记录,安全产品维护记录,策略开放关闭记录,应用系统维护、日志修改、安全检查等记录
7	涉密服务器维修审批记录(含过程记录)			服务器上不同硬件维修审批记录、外来人员维修记录等
8	涉密服务器退网审批记录(含过程记录)			注意:服务器上原有应用系统和数据的处置方式的记录
9	涉密服务器停用审批记录(含过程记录)			
10	涉密服务器报废审批记录(含过程记录)			注意:带有存储功能的硬件和固件的交接及存储位置的记录
11	涉密服务器销毁审批记录(含过程记录)			
(三)	安全产品(针对硬件产品)			同上
(四)	存储设备			同上

表 5.24(续 5)

序号	文件名称	密级	页数	备注
(五)	打印机/复印机			同上
(六)	便携式计算机			同上
(七)	照相机/摄像机			同上
(八)	读卡器/移动光驱			同上
				注意:本卷中应该对应台账中设备的不同类型选取样机,提供全生命周期档案,本目录选取的是典型设备,也基本上是必查的设备配型
六	设备管理卷			
1	信息系统、信息设备和存储设备总台账			全部类型设备
2	设备/特殊信息系统定密审批记录			样表
3	设备变更审批记录(含交接记录)			
4	设备核查登记记录			
5	重装操作系统审批记录			含操作过程记录和安全产品安装、策略配置情况记录
6	三员检查安全技术程序和日志的记录			
7	卸载、删除、修改安全技术控制程序和管理程序的审批记录			
8	存储设备接入审批记录			
9	配发设备的审批记录			
10	移动存储介质的借用归还审批记录			
11	各类标识汇总表			
七	绝密级计算机卷			
1	保密要害确定审批记录			绝密级计算机所在位置
2	物理环境防护措施的记录			
3	屏蔽效能证明材料			
4	红黑隔离措施证明材料			
5	专人管理和操作的记录			
6	使用登记记录			
7	密码保护措施的相关证明材料			
八	外出携带卷			可使用同一张表单体现外出携带的全过程管理

表 5.24(续 6)

序号	文件名称	密级	页数	备注
1	携带外出的审批记录(含携带设备和信息、接入设备、开放策略等)			
2	携带外出期间的使用过程记录(含导入导出信息、接入外设的情况)			
3	带出前保密检查和归还前保密检查记录			注意时间的先后逻辑关系
4	内用改为外出携带的审批记录			根据实际情况选取
九	维修报废卷			
1	信息系统、信息设备、存储设备维修报废的流程			
2	信息系统、信息设备、存储设备维修报废的事项清单(台账)			
3	信息系统、信息设备、存储设备维修报废的审批和过程记录			样表,应该对应台账的设备类型,包含主要类型设备的维修审批记录
4	外来维修单位的合同和保密协议			
5	外来维修人员的保密承诺和全程旁站记录			
6	外来维修人员的携物记录			
7	报废信息系统、信息设备、存储设备台账			
十	安全产品卷			
1	产品检测证书和报告			
(1)	防火墙的产品检测证书和检测报告			
(2)	入侵检测系统的产品检测证书和检测报告			
(3)	漏洞扫描系统的产品检测证书和检测报告			
(4)	主机监控和审计系统的产品检测证书和检测报告			区分单机和网络版
(5)	补丁分发系统的产品检测证书和检测报告			区分单机和网络版
(6)	保密专用技术防护专用系统选型依据性文件			区分单机和网络版
(7)	身份认证系统的产品检测证书和检测报告			区分单机和网络版

表 5.24(续 7)

序号	文件名称	密级	页数	备注
(8)	接入控制系统的产品检测证书和检测报告			
(9)	安全 NAS 系统的产品检测证书和检测报告			
(10)	打印监控审计系统的产品检测证书和检测报告			区分单机和网络版
(11)	光盘刻录审计系统的产品检测证书和检测报告			区分单机和网络版
(12)	安全网关的产品检测证书和检测报告			含堡垒机
(13)	保密检查系统的产品检测证书和检测报告			
(14)	电源滤波防护措施的产品检测证书和检测报告			
(15)	电磁泄漏发射防护的产品检测证书和检测报告			
(16)	线路传输干扰仪的产品检测证书和检测报告			
(17)	恶意代码辅助检测系统的产品检测证书和检测报告			仅主机版
(18)	防病毒系统的销售许可和检测报告			
(19)	数据库加固系统的产品检测证书和检测报告			
(20)	数据库审计系统的产品检测证书和检测报告			
(21)	操作系统加固系统的产品检测证书和检测报告			
(22)	互联网审计工具的产品检测证书和检测报告			
(23)	远程传输采取的密码保护措施的相关材料			
2	卸载或停用安全产品的审批和专项管控措施			
3	安全防护策略调整、变更的审批记录			
4	屏蔽机房(机柜)的检测报告和检测证书			

表 5.24(续 8)

序号	文件名称	密级	页数	备注
5	设备无线功能模块的拆卸记录			厂家的证明材料,原始系统的重置记录
十一	软硬件拆卸安装卷			
1	重装操作系统审批记录(含过程记录)			
2	安装拆卸硬盘、外设的审批记录(含端口开放和关闭)			
3	软件白名单			
4	软件安装/卸载审批表			
5	日志修改审批记录			
十二	身份鉴别卷			
1	KEY 的台账			含软件配套的加密狗、三员使用的全部 KEY、打印刻录的身份卡
2	KEY 的发放、调整、交接、回收审批记录			
3	人员离岗、调岗、入岗的 KEY 的配置和交接记录			
4	KEY 的报废销毁记录			
5	应用系统用户入网、退网、变更审批记录			
十三	访问控制卷			
1	访问控制策略			
2	VLAN 划分表			
3	系统用户权限清单			
4	用户权限配置和调整记录			
5	设备接入审批记录			
6	多人共用审批记录			
十四	信息导入导出卷			
1	导入导出的职责和管理要求			部门内部要求
2	导入导出设备台账			
3	导入导出流程图			注意中间机和单导盒的不同模式
4	导入导出登记本			可选
5	信息导入			

表 5.24(续 9)

序号	文件名称	密级	页数	备注
(1)	信息导入审批记录			样表,面向于不同类型的导入信息和载体的,如软件、文件(涉密、非涉密)、照片、影像资料、光盘、纸、存储卡、U 盘等
(2)	使用专用移动存储介质、开通端口的审批单			
(3)	信息导入后的光盘记录清单(含去向)			
6	信息导出			
(1)	信息导出审批记录			对于不同事件,注意审阅记录的要求
(2)	非涉密信息导出的专人审查记录			
(3)	信息导出的审计记录			
十五	机房、服务器和集中存储卷			
(一)	机房			
1	机房的定置图(含功能区划分)			
2	主机房确定保密要害的审批记录			
3	主机房与其他区域的安全隔离措施			机房的建设方案
4	进出主机房的审批登记记录			
5	主机房的门禁系统日志			
6	主机房内操作设备的审批记录			
7	堡垒机、KVM 的使用和操作记录			
8	堡垒机、KVM 的管理和操作权限配置记录			
(二)	服务器			
1	服务器安全策略(含加固措施和访问控制策略)			
2	服务器台账(含放置地点和提供支撑的应用/服务的名称)			
3	服务器运行维护审批及操作记录表(不同业务类型)			
4	主服务器的备份记录(含硬件、软件、操作系统)			
5	关键业务数据的备份记录			

表 5.24(续 10)

序号	文件名称	密级	页数	备注
6	备份与恢复的审批记录			
7	备份与恢复的操作记录			
(三)	集中存储			
1	集中存储的安全策略、管理要求和技术措施			
2	集中存储的访问和使用授权			
3	集中存储信息归档和再次利用记录			
十六	安全审计和风险自评估卷			
(一)	安全审计			
1	6 个月内的安全审计报告			
2	安全审计报告的审批过程记录和批示意见(含整改建议)			
3	监督整改落实记录			
(二)	风险自评估			
1	风险自评估报告			
2	风险自评估方案			
3	风险自评估的过程记录			
4	风险自评估审批过程记录和批示意见(含整改建议)			
5	监督整改落实记录			
十七	互联网卷			
1	互联网点和互联网设备的接入审批记录			
2	互联网点和计算机管理要求			
3	互联网计算机的使用登记记录			
4	互联网计算机的检查记录			
5	互联网发布信息的审批记录			6 个月内的全部记录
6	违规上网的教育或处罚记录			

附　　录

附录 A　信息系统、信息设备和存储设备安全策略模板(网络版)

1 概述

为指导和规范××单位的信息系统、信息设备和存储设备信息安全保密技术和管理工作,降低信息系统、信息设备和存储设备安全风险,保障信息系统、信息设备和存储设备安全稳定运行,制定《××单位信息系统、信息设备和存储设备安全策略》(以下简称《策略》)。

本《策略》作为××单位信息安全的基本要求,是本单位所有信息安全行为的指导,对安全问题提出对策和解决方案。

制定本《策略》的目的是明确各项安全活动的责任部门、责任人、管理对象和要点,保护信息系统的硬件、软件、业务信息和数据等资源的安全,增强信息资产的可用性、完整性和保密性。同时,在员工中树立安全责任感,提高全体员工的信息安全意识和信息安全知识水平,从而确保信息系统安全、稳定、高效地提供服务,保障业务有效、可靠、连续运行。

2 依据性文件

3 整体目标和范围

4 安全原则

5 安全方针

6 安全组织机构

7 安全管理人员

7.1 岗位设置

7.2 岗位职责

7.2.1 领导层

(1)法人

(2)分管业务负责人

(3)分管保密负责人

(4)网络安全负责人/信息化总师(副总师)

(5)保密总监

7.2.2 管理层

(1)信息化管理部门领导

(2)信息化运行维护机构领导

(3)信息安全保密管理人员

(4)保密部门负责信息安全的技术人员

7.2.3 技术层
(1)系统管理员
(2)安全保密员
(3)安全审计员
(4)应用系统开发和管理人员
(5)其他维护维修人员
7.2.4 业务层
(1)部门信息安全负责人
(2)兼职计算机管理人员
(3)信息服务人员
(4)各类型信息系统、信息设备和存储设备使用管理人员
7.3 管理要求
8 安全保密产品和工具
8.1 计算机病毒与恶意代码防护策略
部署方式、策略设置、日志审计。
8.2 信息安全保密产品
8.2.1 密码产品
部署方式、策略设置、日志审计。
8.2.2 边界防护与控制
部署方式、策略设置、日志审计。
8.2.3 入侵检测
部署方式、策略设置、日志审计。
8.2.4 身份认证
部署方式、策略设置、日志审计。
8.2.5 漏洞扫描
部署方式、策略设置、日志审计。
8.2.6 接入控制
部署方式、策略设置、日志审计。
8.2.7 监控审计
部署方式、策略设置、日志审计。
8.2.8 补丁管理
部署方式、策略设置、日志审计。
8.2.9 保密技术防护专用系统(“三合一”)
部署方式、策略设置、日志审计。
8.2.10 存储保护
部署方式、策略设置、日志审计。
8.2.11 输入输出
部署方式、策略设置、日志审计。
8.3 电磁泄漏发射防护
8.4 安全工具

8.4.1 检查工具
8.4.2 消除工具
8.5 统一时钟
9 物理和环境安全
9.1 基本安全策略
9.1.1 机房和设备间
9.1.2 设备安全
9.2 环境安全
10 通信和传输安全
10.1 涉密信息系统(广域网)
10.2 与其他特殊专用系统互联
10.2.1 测试、调试、仿真、工控、数控系统
10.2.2 无线传输装置
10.2.3 虚拟化设备
10.2.4 涉密科研生产现场监控
10.2.5 视频会议系统
10.2.6 数字化会议系统
10.2.7 高性能并行计算及图形处理系统
……
11 信息系统
11.1 涉密信息系统
11.1.1 系统定级
11.1.2 方案设计
11.1.3 建设与工程实施
11.1.4 系统测评
11.1.5 系统审批
11.1.6 运行与安全
11.1.7 风险评估与检查
11.1.8 系统废止
11.1.9 网络拓扑
11.2 服务器
11.3 交换机
11.4 KVM 系统
12 信息设备
12.1 涉密计算机
安全防护措施、使用要求,区分用户终端、涉密单机等。
12.2 工控机
12.3 网络打印机
……
13 存储设备

14 操作安全
14.1 身份鉴别
14.2 访问控制
14.2.1 基本安全策略
14.2.2 多人共用策略
14.3 导入导出
14.3.1 导入导出点的设置
14.3.2 中间机的防护策略
14.3.3 信息交换机的防护策略
14.3.4 其他导入导出设备的安全策略
15 应用系统安全
15.1 部署模式
15.2 涉密应用系统
15.3 非涉密应用系统
15.4 应用系统审计
15.5 支持系统安全
15.5.1 Windows 操作系统
15.5.2 Unix/Linux 系统
16 信息交换安全
跨服务器交换数据。
17 数据和数据库安全
17.1 数据安全
17.1.1 完整性保护策略
17.1.2 数据加密保护
17.2 数据库安全
17.2.1 基本要求
17.2.2 身份鉴别
17.2.3 授权和访问控制
17.2.4 日志和审计
17.2.5 资源控制
17.2.6 数据备份和恢复
17.2.7 系统补丁和升级
18 备份与恢复安全
18.1 备份与恢复策略
18.1.1 备份软件的安全管理配置
18.1.2 业务数据备份总体要求
18.1.3 核心业务数据备份要求
18.1.4 重要业务数据备份要求
18.1.5 普通业务数据备份要求
18.2 应急与响应策略

18.2.1 基本要求
18.2.2 培训
18.2.3 事件监测与分类
18.2.4 安全事件处理方式
18.2.5 应急预案管理
19 开发和维护安全
20 审计安全
20.1 安全审计
20.2 风险自评估
21 运行维护安全管理
21.1 台账
21.2 标识
21.3 定密
21.4 采购
21.5 配置
21.6 变更
21.7 维修
21.8 报废
21.9 销毁

附录B 信息系统、信息设备和存储设备安全保密管理办法模板(网络版)

第一章 总 则

第一条 依据性文件。根据××制定本管理办法

第二条 名词术语定义

第三条 使用范围

第二章 安全体系管理基本要求

第四条 范围与原则

(一)信息系统、信息设备和存储设备范围

信息系统:

信息设备:

存储设备:

安全保密产品:

应用系统:

(二)产品、设备和计算机的界定

(三)管理原则

第五条 机构职责与分工

(一)保密委员会(网络安全领导小组)

(二)信息化管理部门和信息化运行维护机构

(三)其他业务部门

第六条 人员配置及要求

(一)法人、分管业务负责人和信息安全技术负责人

(二)部门领导

(三)三员

(四)其他运行维护人员

(五)要求

第七条 体系的构建与运行

(一)体系文件的构成和适用范围

(二)业务制度中落实信息安全保密要求

(三)体系文件的发布

(四)体系文件的宣贯

(五)体系文件的调整

(六)支撑体系完善的安全审计

（七）支撑体系完善的风险自评估
（八）监督检查
第八条　基本要求
保密红线，禁止项。

第三章　信息系统建设管理

第九条　信息系统定级和防护要求
第十条　信息系统建设
（一）安全保密方案
（二）划定安全范围
（三）建设选址
（四）试运行
第十一条　信息系统测评（风评）
（一）测评
（二）取证
（三）风评
（四）调整
（五）归档
（六）废止
（七）互联
第十二条　专用系统或设备
（一）定义
（二）定密及应用模式
（三）安全保密要求
第十三条　机房和设备间
（一）物理环境
（二）机房管理
（三）运行维护
第十四条　服务器
（一）访问控制管理要求
（二）身份鉴别管理要求
（三）安全措施加固
（四）使用要求
第十五条　备份与恢复
（一）备份对象
（二）备份要求

第四章　应用系统建设管理

第十六条　应用系统建设
(一)定密
(二)安全保密设计方案
第十七条　应用系统测试及运行
(一)开发和测试
(二)测评与取证
第十八条　应用系统维护及废止

第五章　信息系统、信息设备和存储设备使用及管理

第十九条　台账及标识
(一)全生命周期档案
(二)台账
(三)标识
第二十条　定密及变更
(一)定密原则
(二)定密程序
(三)采购
(四)配置
(五)变更
(六)使用
第二十一条　外出携带
(一)要求
(二)程序
第二十二条　信息导入导出
(一)导入导出点
(二)导入导出设备
(三)导入导出要求
(四)导入导出程序
第二十三条　软硬件拆卸安装
(一)程序
(二)要求
第二十四条　维护、维修、报废及销毁
(一)程序
(二)维修(内部、外协)
(三)报废
(四)销毁
(五)工具
(六)记录

第二十五条　存储设备和集中存储
(一)管理要求
(二)集中存储
(三)存储介质
(四)维修报废销毁
第二十六条　绝密级计算机
第二十七条　非涉密信息设备
第二十八条　互联网计算机
(一)管理要求
(二)接入许可
(三)技术措施
(四)信息发布

第六章　安全保密产品建设和使用管理

第二十九条　安全保密产品的配置
(一)配置及裁剪
(二)选型
(三)电磁泄漏发射防护
(四)身份鉴别
(五)安全审计
第三十条　安全保密产品的使用
(一)部署
(二)维修
(三)使用

第七章　监督与奖惩

第三十一条　安全事件、重大风险隐患和失泄密事件处置要求
第三十二条　问题的闭环处理

第八章　附　　则

第三十三条　本办法由×××负责解释
第三十四条　本办法自印发之日起施行,原《×××》(文号)废止。

附录C 信息系统、信息设备和存储设备操作规程模板(网络版)

1 总则

具体化到可执行的各个依据性文件和本单位业务制度中。

2 范围和原则

3 业务分工和职责

根据设备类型、人员管理等策略将业务具体化到本单位具体的职能部门(内设机构)中,明确各项工作到底由谁来负责(岗位角色)。

4 人员管理流程

内部人员和外协人员上岗流程和要求。

5 安全保密产品和工具

5.1 适用范围

5.2 业务流程

选型和采购、配置与部署、调整与变更、维修和报废。

6 物理和环境安全

6.1 设施的选址、设计、施工、验收、运行

6.2 设备的放置

7 信息系统(含应用系统)

7.1 定级

7.2 方案设计

7.3 施工

7.4 试运行

7.5 测评

7.6 整改

7.7 取证

7.8 验收

7.9 风评

7.10 废止

全过程涉及的人员、工具、流程。

8 信息设备、存储设备

8.1 采购

8.2 配置

8.3 建账(设备核查)

8.4 标识

8.5 使用(外出携带、导入导出)

8.6 变更(软硬件拆卸安装)

8.7 维修

8.8 报废

8.9 销毁

全过程涉及的流程、人员、工具和操作要求。

9 安全防护技术措施

9.1 安全保密产品的管理程序

9.2 安全保密产品的操作规程

9.3 身份鉴别

9.4 访问控制

9.5 电磁泄漏发射防护

9.6 备份与恢复

9.7 应急与响应

9.8 安全审计

9.9 风险自评估

10 监督检查

附录D　安全审计报告模板(网络版)

一、整体运行情况

包括设备与用户的在线和离线、系统的负载均衡、网络和交换设备、电力保障、机房防护等。

1. 设备在线和离线情况
2. 用户在线和离线情况
3. 系统的负载均衡
4. 网络和交换设备
5. 电力保障(电力是否正常,有无异常,异常状态是什么,怎么处置的)
6. 机房和设备间(空调、安防、环监、运行维护区是否正常,有无异常,异常状态是什么,怎么处置的)

二、涉密信息系统服务器

依据服务器的管理制度和控制策略,各服务器管理员、应用系统管理员对信息系统的域控制、应用系统、数据库、文件交换等服务器的启动、关闭,用户登录、退出事件,用户的关键操作等进行审计,查验各个服务器的运行状态并上报数据。所需表格见附表D.1。

附表D.1

序列号	用途	启动	关闭	登录	退出	关键操作
	域控制器					
	数据库集群					
	邮件系统					
	打印审计系统					
	……					

三、安全保密产品

依据安全保密产品的管理制度和控制策略,对身份鉴别、访问控制、防火墙、IDS、漏洞扫描、病毒与恶意代码防护、网络监控审计、主机监控审计、各种网关、打印和刻录监控审计等安全保密产品的功能以及自身安全性进行审计。查验各个安全保密产品的功能是否处于正常状态,日志记录是否完整,汇总并分析安全防护设备的日志记录,发现是否存在未授权的涉密信息访问、入侵报警事件、恶意程序与木马、病毒大规模爆发、高风险漏洞、违规拆卸或接入设备、擅自改变软件配置、违规输入输出等。

1. 防火墙设备

功能是否正常:(有异常需说明现象,并进行分析)

自身是否安全:(有故障需说明现象,并进行分析)

日志是否完整:(不完整需说明现象,并进行分析)

日志分析:(分析异常流量,根据异常流量配合 IDS 追查相关信息;根据防火墙资源占用情况分析异常行为)

2. IDS 设备

功能是否正常:(有异常需说明现象,并进行分析)

自身是否安全:(有故障需说明现象,并进行分析)

日志是否完整:(不完整需说明现象,并进行分析)

日志分析:(应对高风险告警进行分析并结合防火墙日志对网络内行为进行分析。应对大量无效的低风险告警进行分析并排除相关策略)

3. 漏洞扫描设备

功能是否正常:(有异常需说明现象,并进行分析)

自身是否安全:(有故障需说明现象,并进行分析)

日志是否完整:(不完整需说明现象,并进行分析)

日志分析:(应对漏洞扫描结果中的高风险漏洞进行分析并及时处理)

4. 主机监控系统

5. 病毒防护系统

6. WSUS 设备

7. 接入控制系统

8. 安全 NAS 系统

9. 打印监控系统

10. 光盘刻录审计系统

11. 保密技术防护专用系统

……

四、设备接入和变更情况

应当依据设备及人员变更的管理制度和控制策略,对信息设备接入和变更的审批流程、接入方式、控制机制等情况进行审计,防止设备违规接入。对涉密信息系统服务器、用户终端和涉密计算机重新安装操作系统进行审计,防止故意隐藏或销毁违规记录的行为。对使用人员和设备的变更审批、设备交接、授权策略和权限控制进行审计,保证使用人员岗位变更后,无法查看和获取超出知悉范围的国家秘密信息。

1. 设备接入和变更(依据用户设备接入和变更审批流程)

联网计算机开通端口接入设备数据(台数由安全管理员提供);

计算机入网、便携式计算机、涉密单机接入设备(打印机、投影仪、扫描仪等由运行维护系统管理员提供)。

2. 重装操作系统(依据用户重新安装操作系统审批流程)

由运行维护系统管理员提供(包含准确台数,对重装操作系统进行审计,防止故意隐藏或销毁违规记录)。

五、应用系统和数据库

依据管理制度和访问控制策略，对应用系统和数据库的身份鉴别、访问控制强度和细粒度进行审计，保证各个应用系统和数据库的涉密信息控制在各种主体的知悉范围内，并且能够进行安全传递和交换。例如，通过安全审计分析用户是否按照信息密级和知悉范围进行信息传递，审批人员是否认真履行职责等。

1. ××应用系统

访问控制措施细粒度层次：××。

本月有无发生变化，发生变化的是什么权限。所需表格见附表 D.2。

附表 D.2

用户 ID	权限变化	批准人(部门、姓名)	备注

本月有无超出知悉范围传输信息的情况：××。

2. ××应用系统

访问控制措施细粒度层次：××。

本月有无发生变化，发生变化的是什么权限。所需表格见附表 D.3。

附表 D.3

用户 ID	权限变化	批准人(部门、姓名)	备注

本月有无超出知悉范围传输信息的情况：××。

……

六、导入导出

依据导入导出的管理制度和控制策略，对信息系统和信息设备的导入导出点的建立、管理和控制，以及审批流程、导入导出操作、存储设备使用管理等进行审计。特别要对是否存在以非涉密方式导出涉密信息的情形进行审计，发现违规行为应当及时记录、上报，并协助查处。

1. 导入导出点

本月有无新增导入导出点。

2. 导入导出设备

本月有无新增导入导出设备。

3. 导入导出审计

对照审批流程、导入导出操作、存储设备使用管理，结合打印、刻录审计系统的审计日志等进行审计，特别要对是否存在以非涉密方式导出涉密信息的情形进行审计。

七、涉密信息、数据

应当依据涉密信息和数据的管理制度和控制策略,对涉密信息和数据的产生、修改、存储、交换、使用、导出、归档、消除和销毁等进行审计。

八、单台涉密计算机和便携式计算机

依据单台涉密计算机和便携式计算机的管理制度和控制策略,对其管理和使用情况进行审计。特别是对专供外出使用的便携式计算机等信息设备,应当对外出期间所携带的涉密文件和信息的操作、导入导出、设备接入和管控情况进行审计。

1. 单台涉密计算机

安全保密管理员对单台涉密计算机的管理制度和控制策略进行审计,并提供数据。

2. 便携式计算机

运行维护人员对专供外出使用的便携式计算机等信息设备,在外出期间所携带的涉密文件和信息的操作、导入导出、设备接入和管控情况进行审计,并提供数据。

九、移动存储设备

移动存储设备管理部门对移动存储设备是否按照授权策略配置,以及管理、存放、借用、使用、归还、报废、销毁情况进行审计。

十、用户操作行为

对涉密信息系统、涉密信息设备和涉密存储设备用户的关键操作行为进行审计,发现用户失误或者违规操作行为。

十一、管理和运行维护人员操作行为

利用信息系统、网络设备、外部设备、应用系统自身和安全保密产品的审计功能,结合人工文字记录,准确记录和审计系统管理员、安全保密管理员的操作行为,如登录或退出时间、新建和删除用户、更改用户权限、更改系统配置、改变安全保密产品状态等。

1. 应用系统管理情况

应用系统清单见附表 D.4。

附表 D.4

序号	应用系统名称	系统管理员	安全保密管理员	安全审计员
1				
2				
3				

注:随时根据新增涉密应用补充。

(1)××系统

①用户变化情况及依据

增加、减少用户可根据《用户入网、退网申请表》进行操作，其中减少用户也可根据人事变动通知单执行。

②权限变更情况及依据

根据《用户权限申请表》变更权限。

③日志分析情况

管理员分析安全日志，本月××系统无违规访问情况发生，本月出现登录错误×次，包括违规访问情况、行为及对违规事件、行为的处理方式，账号锁死等情况。

④系统管理员及安全保密管理员审计

(2)××系统

①用户变化情况及依据

增加、减少用户可根据《用户入网、退网申请表》进行操作，其中减少用户也可根据人事变动通知单执行。

②权限变更情况及依据

根据《用户权限申请表》变更权限。

③日志分析情况

管理员分析安全日志，本月××系统无违规访问情况发生，本月出现登录错误×次，包括违规访问情况、行为及对违规事件、行为的处理方式，账号锁死等情况。

④系统管理员及安全保密管理员审计

(3)××系统

……

2. 各安全产品管理情况

安全保密管理员依据策略调整情况提供数据。

安全设备策略变更及调整依据：

(1)防火墙设备

根据《防火墙策略调整申请表》进行策略调整，所需表格见附表 D.5。

附表 D.5

序号	变更内容	申请单位	期限

(2)IDS 设备

根据《安全策略调整申请表》进行相应策略调整，所需表格见附表 D.6。

附表 D.6

序号	变更内容	变更原因

(3)漏洞扫描设备

根据《安全策略调整申请表》进行相应策略调整,所需表格见附表 D.7。

附表 D.7

序号	变更内容

(4)终端审计系统

根据《安全策略调整申请表》进行策略调整,所需表格见附表 D.8。

附表 D.8

序号	变更内容	IP 地址	期限

(5)病毒防护系统

根据《安全策略调整申请表》进行策略调整,所需表格见附表 D.9。

附表 D.9

序号	变更内容	IP 地址	期限

(6)WSUS 设备

根据《安全策略调整申请表》进行相应策略调整,所需表格见附表 D.10。

附表 D.10

序号	变更内容	变更原因	IP 地址

(7)互联网审计系统

根据《安全策略调整申请表》进行相应策略调整,所需表格见附表 D.11。

附表 D.11

序号	变更内容	变更原因	IP 地址

(8)网络接入控制系统

根据《安全策略调整申请表》进行相应策略调整,所需表格见附表 D.12。

附表 D.12

序号	变更内容	变更原因	IP 地址

(9)安全 NAS 系统

根据《安全策略调整申请表》进行相应策略调整,所需表格见附表 D.13。

附表 D.13

序号	变更内容	变更原因	IP 地址

(10)打印监控系统

根据《安全策略调整申请表》进行相应策略调整,所需表格见附表 D.14。

附表 D.14

序号	变更内容	变更原因	IP 地址

(11)光盘刻录审计系统

根据《安全策略调整申请表》进行相应策略调整,所需表格见附表 D.15。

附表 D.15

序号	变更内容	变更原因

(12)保密技术防护专用系统

根据《安全策略调整申请表》进行相应策略调整,所需表格见附表 D.16。

附表 D.16

序号	变更内容	变更原因

……

十二、内部信息系统和内部设备

依据内部信息系统和信息设备的管理制度和控制策略,对内部信息设备和信息系统的配置、管理、使用、控制、安全机制等进行审计。半年审计一次,每年 6 月和 12 月进行。

十三、互联网运行情况

依据单位互联网管理制度和控制策略,对互联网计算机的配置、管理、使用、控制、安全机制等进行审计。一个季度审计一次,每年 3 月、6 月、9 月、12 月进行。

互联网审计系统。

根据安全策略的变更进行相应策略调整,所需表格见附表 D. 17。

附表 D. 17

序号	变更内容	变更原因	IP 地址

十四、结论与建议(安全审计员根据实际情况填写)

1. 本月问题及建议。
2. 上月遗留问题解决说明。
3. 本月信息系统安全总体情况结论。

附录E 风险自评估报告模板(网络版)

一、评估工作概况(评估方案、记录表)

此章说明评估时间、评估组人员组成等情况。

二、评估范围

说明被评估单位所有的安全设备清单、网络设备清单、服务器数量、用户终端数量及应评估数量、实际评估数量等情况,说明评估数量的百分比。

三、重点安全风险分析

评估界定系统的网络规模、使用范围是否明确,边界防护措施是否合理。

1. 评估物理隔离措施是否有效,是否存在破坏物理隔离的日志记录。

2. 内部安全子域划分和安全控制是否合理有效,服务器是否按照访问范围进行合理划分。

3. 涉密计算机是否安装“三合一”系统并正常运行。

4. 涉密介质管理是否符合要求。

5. 涉密终端和服务器的病毒情况是否可控,是否及时安装了系统补丁,是否存在高风险漏洞,是否开放了多余的服务端口。

6. 涉密应用系统的身份鉴别是否与身份认证网关集成。

7. 网络接入控制措施是否到位。

8. 信息导入导出部门部位的中间机、打印复印机等是否管理到位。

9. 涉密网络内是否存在文件共享、涉密应用系统传输未标密文件,是否存在高密低传的安全隐患。

10. 绝密单机是否防护到位。

11. 五个统一监控中心的运行状况是否正常。

12. 检查信息系统内包含哪些涉密和非涉密应用系统,涉密应用系统是否经过测评,并与测评报告一致。

13. 对涉密及非涉密应用系统的代码安全性进行检测。

14. 信息系统、信息设备和存储设备安全策略是否合理有效,是否存在不再使用的安全策略。

15. 备份数据的安全性及有效性。

16. 应急响应预案及机制是否合理,并具备可操作性,是否有定期演练的记录。

四、评估中发现的主要安全风险

说明评估中发现的问题和存在的安全风险,具体到计算机和人员,评估中发现存在问题的计算机共有多少。

五、评估结论

评估结论完善。

结论描述:

(一)物理安全

该单位是否存在被外单位物理接触信息系统、信息设备和存储设备的风险。

(二)本单位局域网安全性

通过评估防火墙规则可得到如下结论:

1. 该单位对×××单位开放了××服务器的××服务端口。

2. 上述开放服务端口的服务器经安全扫描,存在以下安全风险:×××。服务器安全风险等级为:高风险、比较安全、很安全。

3. 远程对上述服务器发起的攻击行为可(不可)被入侵检测系统侦测并记录。

(三)涉密信息导入导出风险

1. 涉密信息导出风险

该单位用户终端已采取USB导出端口技术防范措施,其中×%计算机端口不受控,存在涉密信息导出不受控风险,服务器端采取(未采取)技术防范措施,评估中发现服务器端有以下违规信息:×××。

2. 非涉密信息导入风险

是否采取了双向绑定措施,涉密计算机是否可识别普通移动存储介质,网内开放光驱计算机台数,识别普通移动存储介质或开放光驱的计算机是否安装杀毒软件并实施监控,是否有查杀记录等,存在以上现象即认为存在非涉密信息导入风险。

3. 涉密信息导入风险

是否集中管理涉密信息导入端口,导入端口是否进行有效的病毒查杀。

4. 特种木马风险

通过评估未(已)发现该单位网络中存在特种木马。

(四)网络接入风险

该单位已采取网络接入控制措施,用户不能私自将非授权计算机接入网络。

该单位未采取网络接入控制措施,存在用户私自将非授权计算机接入网络风险,导出涉密信息不受控。

(五)内部局域网终端相互攻击风险

已采取VLAN访问控制措施,用户终端相互攻击的风险为×%,入侵检测系统可有效记录攻击行为。

(六)用户终端及服务器安全风险

根据扫描结果,×%用户终端为安全状态,×%服务器为安全状态。

违规事件的风险分析。

(七)本单位非涉密服务器及计算机引入的风险

根据漏洞扫描结果,信息系统、信息设备和存储设备非涉密服务器区的安全漏洞会被恶意用户植入病毒,并利用网站进行传播。

(八)安全设备可用性风险

例如,入侵检测系统误报警记录数量较大,难以进行分析处理等。

六、整改建议

略。

附录F　信息系统、信息设备和存储设备安全策略模板（单机版）

1 前言

本策略作为涉密信息系统、涉密信息设备和涉密存储设备安全保密管理的重要指导性文件，与《中华人民共和国保守国家秘密法》及其实施条例、《武器装备科研生产单位一级保密资格标准》和其他有关法律、法规、标准、文件，以及《信息系统、信息设备和存储设备保密管理办法》要求相一致。

1.1 整体目标和适用范围

1.1.1 整体目标

本策略用于保障存储、处理、传输国家秘密信息的计算机、外部设施设备、存储介质、办公自动化设备、声像设备和安全保密产品等设施设备的安全保密。规范各类设备设施的使用，提高相关人员的安全保密操作水平，降低安全保密风险。

1.1.2 适用范围

本策略适用于学校从事涉密科研、生产、管理的各机关部处、学院和研究所的涉密计算机、外部设施设备、存储介质、办公自动化设备、声像设备和安全保密产品，以及学校按照保密要求管理的各类设备设施。

1.2 安全原则

本策略将基于国家保密法律、法规、标准、文件的要求及学校相关管理办法的变化及时进行相应的调整与修订。

本策略将基于环境、系统和威胁变化情况及时进行相应的调整与修订。

1.3 安全方针

我校安全保密工作的指导方针是“积极防范、突出重点、依法管理”。

2 保障条件

2.1 安全组织机构

（1）网络信息中心负责学校信息系统、信息设备和存储设备的运行维护工作，指导学校各级单位运行维护人员开展日常运行维护工作。

（2）信息化处负责信息系统、信息设备和存储设备安全保密策略的制定和更新。

（3）保密处负责对信息系统、信息设备和存储设备安全保密策略的落实情况进行监督、指导和检查。

（4）各机关部处、学院和研究所负责涉密信息设备和涉密存储设备安全保密策略的具体落实和执行。

2.2 安全管理人员

2.2.1 网络信息中心

配备系统管理员、安全保密管理员、安全审计员，分别负责涉密信息系统的安全运行、安全保密和安全审计工作。

2.2.2 信息化处

配备一名信息化和信息安全专业技术管理人员负责信息系统、信息设备和存储设备的安全保密管理。

2.2.3 保密处

配备一名专业技术人员进行指导、监督和检查。

2.2.4 机关部处

各机关部处根据自身工作情况与涉密计算机数量，配备一名计算机安全保密管理员，负责涉密计算机的运行维护和安全保密管理工作，另配备一名审计员负责安全保密审计。

2.2.5 学院

各学院和研究所（项目组）根据自身工作情况与涉密计算机数量，至少配备一名计算机安全保密管理员，负责涉密计算机的运行维护和安全保密管理工作，审计员可以由学院和项目组互相兼任，不得自行审计。

2.3 安全保密产品和工具

2.3.1 安全保密产品

（1）“三合一”防护系统

（2）主机审计系统

（3）桌面防护系统

（4）杀毒软件

（5）红黑隔离电源

（6）视频信号干扰仪

2.3.2 工具配备

（1）信息消除工具

（2）保密检查软件

3 物理设备安全策略

3.1 物理和环境安全策略

（1）涉密设备的放置地点应安装防盗门，并且防盗门上方不能有上梁玻璃，二楼以下或必要楼层应配有防盗窗，室内配置保密柜。

（2）涉密计算机的摆放应远离暖气管道、通风管道、上下水管、电话、有线报警系统等偶然导体，距离在 1 米以上。

（3）多台涉密计算机的摆放应相对集中，独立划分工作区域并与非涉密区有效隔离，距离在 1 米以上。

（4）涉密计算机的屏幕、投影摆放不易被无关人员直视或采用遮挡措施。

（5）涉密场所内的互联网计算机上禁止启用视频、音频设备。

（6）涉密计算机不应与非涉密设备置于同一金属平台。

（7）保密要害部门、部位应采用电子监控系统、门禁系统和警报系统对人员出入情况进行管理和监控。

（8）视频监控存储设备要独立划分区域放置。

（9）监控设备按照保密要求进行管理。

3.2 通信和传输安全策略

3.2.1 密码保护措施策略

各涉密单位，如需使用国家普通密码产品，须制定专门的密码产品保护方案，报保密处进行审核。

3.2.2 红黑电源隔离插座策略

涉密信息设备的电源必须接入红黑电源隔离插座，多台涉密信息设备可在红黑电源隔离插座后串接普通插座使用。

3.2.3 视频干扰仪策略

涉密台式计算机，须安装视频干扰器。视频干扰器遵循先开后关原则，即电脑开启前先打开，电脑关闭后再关闭。

3.3 信息设备安全策略

3.3.1 确定策略

3.3.1.1 设备选择

进口设备须经过相关部门检测，出具检测报告后，可确定为涉密设备。

设备必须拆除无线模块，禁止使用无线键盘、鼠标等具有无线功能的外部设备。

涉密便携式计算机必须拆除无线联网功能的硬件模块，如无法拆除则不能作为涉密设备。涉密便携式计算机分为外出携带和非外出携带，确定为外出携带的计算机禁止在校内使用，确定为非外出携带的计算机禁止外出携带使用。

多功能一体机禁止作为打印输出设备。

3.3.1.2 设备密级

设备密级应当与存储、处理、传输信息的最高密级相同，设备责任人密级应当与设备密级同级。

3.3.1.3 程序安装

涉密计算机确定前必须重新安装正版的 Windows 7 32 bit/64 bit Professional 或 Windows XP 32 bit 系统，国产专用机安装与其配套的操作系统，安装其他版本的操作系统需说明缘由。

3.3.1.4 审批表单

填写《哈尔滨工程大学涉密信息设备确定审批表》(BMB/HEU－QD－01)，硬盘序列号必须是通过查询工具可查询到的序列号，如做磁盘阵列等情况无法查询，则填写硬盘盘面标注的硬盘序列号。

审批表由计算机责任人填写基本项，计算机安全保密管理员负责其操作系统安装、标识粘贴、硬盘序列号查询等工作，研究所(项目组)负责人对需求进行审核，处级单位对真实性进行审核，信息化处负责审批。

3.3.2 台账策略

3.3.2.1 基本要求

(1)台账应以电子和纸质两种形式留存，电子台账应实时更新，并及时报处级单位、信息化处。

(2)台账信息必须完整，确定不涉及的信息要素可不填写。

(3)设备编号规则：编码共 8 位，前两位为单位编号，第三、四位是类别，后四位是序号，从 0001 开始依次向下排列。类别编码方式为：01 为台式计算机，02 为便携式计算机，03 为移动硬盘，04 为 U 盘，05 为软盘，06 为光盘，07 为其他存储介质，08 为打印机，09 为复印机，10 为刻录机，11 为传真机，12 为多功能一体机，13 为其他办公自动化设备。

3.3.2.2 台账分类

(1)涉密台账

包括涉密应用系统、涉密服务器、涉密计算机、非涉密中间机、涉密网络设备、涉密外部设施设备、涉密存储介质、涉密办公自动化设备、涉密声像设备、安全保密产品等。

(2)非涉密台账

包括非涉密应用系统、非涉密服务器、非涉密计算机、非涉密网络设备、非涉密外部设施设备、非涉密存储介质、非涉密办公自动化设备、非涉密声像设备等。

3.3.2.3 要素说明

(1)应用系统

包括由各种硬件设备及系统、接口部件、外部设备、应用软件、支持软件和工具软件组成的,为武器装备科研生产服务的人机系统,以及安装在信息系统中,实现某些专门应用的综合系统等。

(2)服务器、计算机

包括服务器、操作终端、台式计算机、便携式计算机、工作站、小型机、中型机、大型机、巨型机等。

(3)网络设备

包括交换机、路由器、网关等。

(4)外部设施设备

包括打印机、扫描仪、移动光驱、读卡器、测试系统、调试系统、传感器系统、文拍仪等。

(5)存储介质

包括计算机硬盘和固态存储器、移动硬盘、光盘、U 盘、软盘等。

(6)办公自动化设备类别

包括打字机、复印机、传真机、多功能一体机、碎纸机、速印机、晒图机、绘图仪等。

(7)声像设备类别

包括照相机、摄像机、录音机、录音笔、投影仪、非线性编辑机、扩音设备、音频矩阵、视频矩阵、视频会议设备、数字化会议设备、存储卡、记忆棒、录音带、录像带等。

(8)安全保密产品

包括接入控制、单向导入、身份鉴别、访问控制、监控审计、病毒防治、干扰滤波、漏洞扫描等[整合于计算机中包括视频干扰仪(V)、红黑电源(R)、“三合一”(O)、主机审计(C)、桌面防护(T)、杀毒软件(S)]。

3.3.2.4 填写要素

(1)涉密应用系统

包括应用系统名称、系统开发公司、系统型号、密级、使用范围、部署服务器、责任人、使用情况等。

(2)涉密服务器

包括处级单位、基层单位、名称、型号、设备序列号、硬盘序列号、保密编号、密级、用途、IP 地址、MAC 地址、交换机端口号、放置地点、责任人、设备定密时间、操作系统及版本、操作系统安装时间、安全保密产品配备、使用情况等。

(3)涉密计算机

包括处级单位、基层单位、名称、型号、设备序列号、硬盘序列号、保密编号、密级、用途、

IP 地址、MAC 地址、交换机端口号、放置地点、责任人、设备定密时间、操作系统及版本、操作系统安装时间、安全保密产品配备、使用情况等。

(4)非涉密中间机

包括处级单位、基层单位、名称、型号、设备序列号、硬盘序列号、保密编号、放置地点、责任人、操作系统安装时间、使用情况等。

(5)涉密网络设备

包括处级单位、基层单位、名称、型号、保密编号、IP 地址、MAC 地址、交换机端口号、密级、用途、放置地点、责任人、使用情况等。

(6)涉密外部设施设备

包括处级单位、基层单位、名称、型号、保密编号、硬盘序列号、设备序列号、密级、用途、设备定密时间、放置地点、责任人、使用情况等。

(7)涉密存储介质

包括处级单位、基层单位、名称、型号、物理序列号、保密编号、密级、用途、放置地点、责任人、使用情况等。

(8)涉密办公自动化设备

包括处级单位、基层单位、名称、型号、保密编号、密级、用途、设备定密时间、放置地点、责任人、使用情况等。

(9)涉密声像设备

包括处级单位、基层单位、名称、型号、保密编号、物理序列号、密级、用途、设备定密时间、放置地点、责任人、使用情况等。

(10)安全保密产品

包括处级单位、基层单位、名称、型号、生产厂家、检测证书名称、检测证书编号、购置时间、启用时间、保密编号、密级、放置地点、责任人、使用情况等。

(11)非涉密应用系统

包括应用系统名称、系统开发公司、系统型号、用途、使用范围、部署服务器、责任人、使用情况等。

(12)非涉密服务器

包括处级单位、基层单位、名称、型号、设备序列号、硬盘序列号、用途、IP 地址、MAC 地址、交换机端口号、放置地点、责任人、设备定密时间、操作系统及版本、操作系统安装时间、使用情况等。

(13)非涉密计算机

包括处级单位、基层单位、名称、型号、设备序列号、硬盘序列号、用途、IP 地址、MAC 地址、放置地点、责任人、操作系统安装时间、使用情况等。

(14)非涉密网络设备

包括处级单位、基层单位、名称、型号、IP 地址、MAC 地址、交换机端口号、用途、放置地点、责任人、使用情况等。

(15)非涉密外部设施设备

包括处级单位、基层单位、名称、型号、硬盘序列号、设备序列号、用途、责任人、使用情况等。

(16)非涉密存储介质

包括处级单位、基层单位、名称、型号、物理序列号、编号、用途、责任人、使用情况等。

(17)非涉密办公自动化设备

包括处级单位、基层单位、名称、型号、用途、责任人、使用情况等。

(18)非涉密声像设备

包括处级单位、基层单位、名称、型号、序列号、用途、责任人、使用情况等。

3.3.3 标识策略

(1)台账所包含的所有设备均须粘贴标识。

(2)保密标识书写应不易被涂改、损坏。

(3)标识粘贴位置按学校统一要求进行粘贴。

(4)涉密设备标识要注明设备类型、密级、编号、责任人。

(5)非涉密设备标识要注明设备类型、责任人。

(6)涉密计算机硬盘须使用油性记号笔注明硬盘保密编号、责任人、密级。

3.3.4 安全保密产品策略

(1)涉密计算机须安装学校统一下发的“三合一”客户端软件、主机审计客户端软件。

(2)涉密信息设备的供电电源须接入红黑隔离插座。

(3)涉密台式计算机的显示器须加装视频信号干扰仪。

(4)机密级涉密计算机须安装学校统一下发的桌面管理系统。

(5)安全保密产品的配置一旦实施,任何人不得随意更改。如确因业务需求变化而要修改安全保密产品的配置时,计算机安全保密管理员应填写《哈尔滨工程大学涉密信息设备变更审批表》(BMB/HEU - BG - 01),研究所(项目组)负责人核实情况,处级单位负责人审核,信息化处审批。

(6)所有 Windows 操作系统的涉密计算机必须安装杀毒软件,中间机与涉密计算机须安装不同的杀毒软件。

(7)由于我校大部分为涉密单机,且是瑞星杀毒软件,金山毒霸杀毒软件均不提供病毒库升级包,只提供安装包,我校涉密单机需要频繁安装卸载杀毒软件,所以将杀毒软件列入白名单中,各级计算机安全保密管理员可以根据时间要求进行升级。

3.4 存储设备安全策略

(1)存储设备含各类硬盘和固态存储器、移动硬盘、光盘、U 盘、软盘、存储卡、记忆棒、录音带、录像带等。

(2)学校统一下发涉密计算机操作系统、应用软件、防护系统安装程序、杀毒软件,应纳入非涉密存储设备台账。

(3)学校统一配备的清除工具、检查工具等光盘须纳入相关台账。

(4)涉密信息存储介质的存放场所、部位须采取安全有效的保密措施。

(5)涉密计算机禁止接入非涉密存储介质,涉密存储介质禁止接入非涉密计算机。

(6)高密级涉密存储介质禁止接入低密级涉密计算机,低密级存储介质禁止存储高密级涉密信息。

(7)涉密计算机统一配发的涉密 U 盘(红盘)分为“个人 U 盘”和“上报 U 盘”,按照不同研究所(项目组)划分使用区域,“个人 U 盘”仅在域内使用,“上报 U 盘”可以跨域使用。

(8)硬盘、光盘、U 盘、磁带等介质应按存储信息的密级管理,介质须标明密级、编号、责任人，涉密标识不易被涂改、损坏和丢失；不使用时，涉密存储介质应存放在密码文件柜内；不再需要的介质，应按规定及时审批登记予以销毁。

(9)携带涉密信息存储介质外出时须填写《哈尔滨工程大学携带涉密信息设备和涉密存储设备外出保密审批表》(BMB/HEU－WX－01)，研究所(项目组)负责人核实情况，处级单位负责人审批，并保证存储介质始终处于携带人的有效控制之下。带出前和带回后须经计算机安全保密管理员进行安全保密检查，并填写《哈尔滨工程大学涉密信息设备和涉密存储设备外出操作记录及归还检查登记表》(BMB/HEU－WX－02)。

(10)维修时填写《哈尔滨工程大学涉密信息设备维修保密审批表》(BMB/HEU－SBWX－01)、《哈尔滨工程大学涉密信息设备维修过程记录单》(BMB/HEU－SBWX－02)，研究所(项目组)负责人核实情况，处级单位负责人审核，网络信息中心审批。与维修单位签订《哈尔滨工程大学涉密信息设备维修保密协议》(BMB/HEU－SBWX－03)，维修过程全程旁站陪同。涉密信息存储介质带离现场维修时，须到具有相关资质的单位进行维修，签订保密协议，详细记录介质序列号、送修人、送修时间等相关信息，并留存维修记录。

4 操作安全策略

4.1 身份鉴别安全策略

4.1.1 系统用户策略

(1)非多人共用的涉密计算机只能使用 administrator 作为唯一用户登录系统。

(2)多人共用的涉密计算机须对每一个使用人设定 user 权限的用户，并划分访问权限，保证每个用户只能访问自己的分区。

(3)多人共用的涉密计算机使用时须填写《涉密信息设备全生命周期使用登记簿(端口、管理员 KEY、多人共用、中间机)》(BMB/HEU－JZSY－01)。

4.1.2 用户密码策略

(1)BIOS 必须设置管理员密码和开机密码，计算机安全保密管理员掌握管理员密码，计算机责任人和使用人掌握开机密码。

(2)BIOS 必须设置硬盘为第一启动项，并禁止 F12 等启动选择功能。

(3)桌面防护系统的 KEY 密码必须设置。

(4)Windows 密码设置更改周期为秘密级 30 天，机密级 7 天。

(5)Windows 密码长度要求秘密级 8 位，机密级 10 位。

(6)Windows 密码复杂度须大写字母、小写字母、数字、特殊符号中任意 3 种以上(包括 3 种)组合。

(7)Windows 必须启用屏保程序，屏保启动时间不多于 10 分钟，恢复时须输入密码。

(8)多人共用的计算机由责任人或计算机安全保密管理员掌握 administrator 密码，其他使用人掌握本人用户密码。

4.1.3 操作系统策略

4.1.3.1 密码策略设置

(1)用户属性禁止选择“密码永不过期”。

(2)密码策略须启用“密码必须符合复杂性要求”。

(3)密码长度最小值按照不同密级输入数字。

(4)密码最长留存期按照不同密级输入数字。

(5)强制密码历史设置为“1”。

4.1.3.2 账户锁定策略

(1)账户锁定时间设置为“30 分钟”。

(2)账户锁定阈值设置为“5 次无效登录”。

(3)重置账户锁定计数器设置为“30 分钟之后”。

4.1.3.3 审核策略

(1)审核策略更改设置为“成功、失败”。

(2)审核登录事件设置为“成功、失败”。

(3)审核特权使用设置为“成功、失败”。

(4)审核系统事件设置为“成功、失败”。

(5)审核账户登录事件设置为“成功、失败”。

(6)审核账户管理设置为“成功、失败”。

4.1.3.4 日志存储策略

Windows XP 日志最大设置为“5 120 KB”。

Windows 7 日志最大设置为“20 480 KB”。

4.1.3.5 系统服务策略

Server 服务须将启动类型改为“已禁用”。

4.2 访问控制安全策略

4.2.1 端口策略

(1)作为集中输出的涉密计算机的 USB 打印端口和光驱端口可以设置为开放状态。

(2)非输出的涉密计算机和所有便携式计算机的 USB 打印端口及光驱端口须设置为关闭状态。临时需要开放时,由计算机安全保密管理员设置端口状态,并填写《涉密信息设备全生命周期使用登记簿(端口、管理员 KEY、多人共用、中间机)》(BMB/HEU - JZSY - 01)。

(3)涉密计算机禁止使用 modem、网卡、红外、蓝牙、无线网卡、PCMCIA、1394 等网络连接设备与任何其他网络、设备连接。

4.2.2 外出携带策略

涉密便携式计算机分为外出携带和非外出携带,确定为外出携带的计算机禁止在校内日常使用,确定为非外出携带的计算机禁止外出携带使用。

4.2.2.1 外出前

(1)专供外出的涉密便携机在外出前须由计算机安全保密管理员进行带出前检查,使用人填写《哈尔滨工程大学携带涉密信息设备和涉密存储设备外出保密审批表》(BMB/HEU - WX - 01),写明外出时间、地点、事由、从事的涉密工作或事项的名称和密级,携带的涉密信息设备和涉密存储设备的名称、密级和编号,设备中存储的涉密电子文档信息的名称和密级,接口和端口的开放需求,外部设备接入的需求,接入外单位涉密信息系统或者与其他涉密信息设备连接的需求,是否允许导入或导出操作,外出期间使用涉密信息设备和涉密存储设备的人员名单,外出前的保密检查情况、领用和预计返还时间等。

(2)外出前由计算机安全保密管理员进行信息清除,确保涉密信息设备和涉密存储设备中仅存有与本次外出工作有关的涉密信息。

4.2.2.2 外出期间

(1)借用人员对涉密信息设备和涉密存储设备负有保密管理责任,随身携带便携机相关的登记簿——《涉密信息设备全生命周期使用登记簿(打印、刻录、复印)》(BMB/HEU -

XXSC－01)、《涉密信息设备全生命周期使用登记簿(端口、管理员 KEY、多人共用、中间机)》(BMB/HEU－JZSY－01)、《涉密信息设备全生命周期使用登记簿(信息导入审批单)》(BMB/HEU－JZSY－02),对设备使用人、开关机时间、外部设备接入、接入外单位涉密信息系统或者其他涉密信息设备连接、导入导出等情况进行记录。

(2)涉密信息设备或涉密存储设备连接投影仪等外部设备的,应当在《涉密信息设备全生命周期使用登记簿(端口、管理员 KEY、多人共用、中间机)》(BMB/HEU－JZSY－01)记录。

(3)如外出前未批准允许导入导出,则禁止在外出期间进行导入导出操作。

4.2.2.3 外出带回

(1)带回后由计算机安全保密管理员针对外出时的操作、输出记录进行检查、核实,并填写完成《哈尔滨工程大学涉密便携式计算机及存储介质外出操作记录及归还检查登记表》(BMB/HEU－WX－02)。

(2)涉密便携机端口须由计算机安全保密管理员使用管理 KEY 进行操作。

(3)涉密计算机和涉密存储介质使用后须进行格式化处理。

4.3 信息导入安全策略

4.3.1 非涉密信息导入策略

(1)非涉密信息导入涉密计算机须使用非涉密中间机或单向导入装置。

(2)非涉密信息为公开信息:填写《涉密信息设备全生命周期使用登记簿(信息导入审批单)》(BMB/HEU－JZSY－02),定密责任人、计算机安全保密管理员审批后通过单向导入盒导入涉密计算机。

(3)非涉密信息为内部光盘信息:将信息导入中间机中,经病毒查杀,并在《涉密信息设备全生命周期使用登记簿(端口、管理员 KEY、多人共用、中间机)》(BMB/HEU－JZSY－01)登记操作记录,填写《涉密信息设备全生命周期使用登记簿(信息导入审批单)》(BMB/HEU－JZSY－02),定密责任人、计算机安全保密管理员审批,在中间机杀毒后采用一次性写入光盘的形式刻录此信息,涉密计算机开放相应端口,填写《涉密信息设备全生命周期使用登记簿(端口、管理员 KEY、多人共用、中间机)》(BMB/HEU－JZSY－01)和《涉密信息设备全生命周期使用登记簿(信息导入审批单)》(BMB/HEU－JZSY－02),定密责任人、计算机安全保密管理员审批后,导入涉密计算机中,记录传输内容,使用的光盘须存档。

4.3.2 涉密信息导入策略

(1)涉密中间机原则上只接收外来涉密光盘。

(2)填写《涉密信息设备全生命周期使用登记簿(端口、管理员 KEY、多人共用、中间机)》(BMB/HEU－JZSY－01)和《涉密信息设备全生命周期使用登记簿(信息导入审批单)》(BMB/HEU－JZSY－02),定密责任人、计算机安全保密管理员审批,将外来涉密光盘接入涉密中间机,进行病毒与恶意代码查杀后,可以直接使用该光盘将涉密信息导入涉密计算机;也可以将涉密信息从中间机通过涉密 U 盘拷贝到其他涉密计算机中。

(3)外来涉密光盘按照涉密载体存档、管理。

4.4 信息导出安全策略

(1)涉密计算机输出所有资料(涉密、非涉密)须在《涉密信息设备全生命周期使用登记簿(打印、刻录、复印)》(BMB/HEU－XXSC－01)上登记,输出类别填写打印、刻录或复印,注明去向,审批人(定密责任人)审批。

(2)项目组由定密责任人审批,学院机关、学校机关部处由各个业务科室负责人审批,其他审批人可由相关定密责任人或负责人授权审批(须有书面授权书)。

(3)涉密计算机输出的废页经审批人批准后销毁(废页为制作时出现错误,既无法使用又未体现国家秘密的纸张)。

(4)输出涉密过程文件资料须按照涉密载体进行管理,禁止自行销毁。

5 应用系统及数据安全策略

5.1 应用系统安全策略

(1)必须选择具有国家相关资质的应用系统。

(2)应用系统的实施必须满足实际的访问权限需求,禁止非授权访问。

(3)应用系统安全同时应满足网络安全、数据通信安全、操作系统安全、数据库安全、应用程序安全、终端安全等安全机制。

5.2 信息交换安全策略

5.2.1 边界安全防护策略

(1)涉密计算机与互联网和其他公共网络实现物理隔离,防止非法设备与涉密设备发生连接,防止涉密设备非法外联。

(2)涉密计算机均安装"三合一"防护系统,并具有违规外联报警功能;所有涉密移动存储介质均为满足国家要求的涉密专用介质,也具有违规外联报警功能。

(3)如出现违规外联报警事件,保密处、信息化处应第一时间到达事件现场取证。

5.2.2 信息完整性校验策略

涉密信息系统内的数据传输或使用的应用系统应具备信息完整性检测功能,及时发现涉密信息被篡改、删除、插入等情况,并生成审计日志。

5.3 数据和数据库安全策略

5.3.1 涉密信息系统数据库安全策略

涉密信息系统中重要数据库应采用安全加强措施,保证数据库的安全使用。

5.3.2 "三合一"服务器、主机审计服务器数据库安全策略

(1)涉密计算机"三合一"服务器数据库文件为 C:/BMS/DbServer/data,C:/BMS/Server/data,主机审计日志服务器数据库文件为 C:/LWSMP/DbServer/data,C:/LWSMP/Server/data。

(2)服务器数据库采用手工方式进行文件备份。

5.4 备份与恢复安全策略

5.4.1 数据备份策略

(1)主机审计系统日志备份

Windows XP 系统主机审计系统客户端日志为 C:/Windows/System32/smp_agent/data。

Windows 7 系统主机审计系统客户端日志为 C:/Windows/Syswow64/smp_agent/data。

主机审计服务器的数据库日志为 C:/LWSMP/DbServer/data,C:/LWSMP/Server/data。

(2)"三合一"防护系统日志备份

Windows XP 系统"三合一"防护系统客户端日志为 C:/Windows/System32/csmp_agent/data。

Windows 7 系统"三合一"防护系统客户端日志为 C:/Windows/Syswow64/csmp_agent/data。

(3)其他重要业务数据备份

重要业务数据须采取数据备份技术,实现对重要数据的备份,以确保数据完整性。

(4)数据备份措施:采用手工方式进行文件备份。

(5)所有涉密信息、数据的备份设备和介质视同处理涉密信息的信息设备和介质进行管理。

5.4.2 数据恢复策略

(1)重新安装主机审计系统时需要将备份的审计数据还原至数据库中。

(2)其他涉密数据恢复由涉密计算机责任人根据情况进行手工恢复。

5.5 开发和维护安全策略

如涉及开发和维护安全时,应按照数据安全、运行安全、系统安全、物理安全、人员安全等策略实施。

6 审计安全策略(两类涉密设备不执行)

6.1 主机审计策略

6.1.1 审计基本要求

(1)秘密级计算机每3个月导出审计日志,结合自查情况,填写《哈尔滨工程大学涉密信息设备和涉密存储设备安全保密审计报告》(BMB/HEU - SJBG - 01)(4份/(台·年));机密级计算机每1个月导出审计日志,结合自查情况,填写《哈尔滨工程大学涉密信息设备和涉密存储设备安全保密审计报告》(BMB/HEU - SJBG - 01)(10份/(台·年));非涉密计算机和信息系统每3个月进行安全审计并填写《哈尔滨工程大学非涉密信息设备和非涉密存储设备安全保密审计报告》(BMB/HEU - SJBG - 02)(4份/(台·年));各涉密处级单位汇总,按照时间要求报送至信息化处。

(2)审计记录存储至少保存一年,并保证有足够的空间存储审计记录,防止由于存储空间溢出造成审计记录的丢失。

6.1.2 涉密信息系统审计内容

(1)整体运行情况

包括设备和用户的在线和离线、系统负载均衡、网络和交换设备、电力保障、机房防护等是否正常。

(2)涉密信息系统服务器

对系统的域控制、应用系统、数据库、文件交换等服务的启动、关闭,用户登录、退出时间,用户的关键操作等进行审计,查验各个服务器的运行状态。

(3)安全保密产品

对身份鉴别、访问控制、防火墙、IDS、漏洞扫描、病毒与恶意代码防护、网络监控审计、主机监控审计、各种网关、打印和刻录监控审计等安全保密产品的功能,以及自身安全性进行审计。查验各个安全保密产品的功能是否处于正常状态,日志记录是否完整,汇总并分析安全防护设备的日志记录,发现是否存在未授权的涉密信息访问、入侵报警事件、恶意程序与木马、病毒大规模爆发、高风险漏洞、违规拆卸或接入设备、擅自改变软件配置、违规输入输出。

(4)设备接入和变更情况

对信息设备接入和变更的审批流程、接入方式、控制机制等情况进行审计,防止设备违规接入。对涉密信息系统服务器、用户终端和涉密计算机重新安装操作系统进行审计,防止故意隐藏或销毁违规记录的行为。对试用人员和设备的变更审批、设备交接、授权策略和权限控制进行审计,保证试用人员岗位变更后,无法查看和获取超出知悉范围的国家秘密信息。

(5)应用系统和数据库

应当依据管理制度和访问控制策略,对应用系统和数据库的身份鉴别、访问控制强度及细粒度进行审计,保证各个应用系统和数据库的涉密信息控制在各种主体的知悉范围内,并且能够进行安全传递和交换(例如,通过安全审计分析用户是否按照信息密级和知悉范围进行信息传递,审批人员是否认真履行职责等)。

(6)导入导出控制

对信息系统和信息设备的导入导出点的建立、管理和控制,以及审批流程、导入导出操作、存储设备使用管理等进行审计。特别要对是否存在以非涉密方式导出涉密信息的情形进行审计,发现违规行为应当及时记录、上报,并协助查处。

(7)涉密信息、数据

对涉密信息和数据的产生、修改、存储、交换、使用、输出、归档、消除和销毁等进行审计。

(8)移动存储设备

对移动存储设备是否按照授权策略配置,以及管理、存放、借用、使用、归还、报废、销毁情况进行审计。

(9)用户操作行为

对涉密信息系统、涉密信息设备和涉密存储设备用户的关键操作行为进行审计,发现用户失误或者违规操作行为。

(10)管理和运行维护人员操作行为

利用信息系统、网络设备、外部设备、应用系统自身和安全保密产品的审计功能,结合人工文字记录,准确记录和审计系统管理员、安全保密管理员的操作行为,例如,登录或退出时间、新建和删除用户、更改用户权限、更改系统配置、改变安全保密产品状态等。

6.1.3 单台涉密信息设备和涉密存储设备审计内容

(1)涉密信息设备和涉密存储设备

对其管理和使用情况进行审计,特别是对专供外出使用的便携式计算机等信息设备,应当对外出期间所携带的涉密文件和信息的操作、导入导出、设备接入和管控情况进行审计。

(2)移动存储设备

对移动存储设备是否按照授权策略配置,以及管理、存放、借用、使用、归还、报废、销毁情况进行审计。

(3)用户操作行为

对涉密信息设备和涉密存储设备用户的关键操作行为进行审计,发现用户失误或者违规操作行为。

(4)管理和运行维护人员操作行为

利用网络设备、外部设备、应用系统自身和安全保密产品的审计功能,结合人工文字记录,准确记录和审计系统管理员、安全保密管理员的操作行为,例如,登录或退出时间、新建和删除用户、更改用户权限、更改系统配置、改变安全保密产品状态等。

(5)涉密计算机的审计范围

包括违规外联日志、违规操作日志、文件操作日志、程序运行日志、上网行为日志、文件共享日志、文件打印日志、用户登录日志、网络访问日志、软件安装日志、违规使用日志、账户变更日志、刻录审计日志、文件流入流出日志、服务监控日志、主机状态日志。

(6)审计记录内容

包括日期时间、计算机用户、事件分类、事件内容、事件来源。

6.1.4 非涉密信息系统、非涉密信息设备和非涉密存储设备审计内容

对非涉密信息系统、非涉密信息设备和非涉密存储设备的配置、管理、使用、控制、安全机制等进行审计。

6.1.5 各单位报送时间范围

略。

6.2 风险自评估策略

6.2.1 风险自评估工作组

由保密处、信息化处、网络信息中心、各单位负责涉密信息设备和涉密存储设备运行维护的相关人员组成。

6.2.2 风险自评估方式

各单位根据本单位审计报告和日常自检自查情况,对涉密信息系统、涉密信息设备和涉密存储设备进行综合安全分析和自评估,填写《哈尔滨工程大学涉密信息设备和涉密存储设备风险自评估报告》(BMB/HEU - FXPJ - 01)(1 份/(台 · 年)),各涉密处级单位汇总,按照时间要求报送至信息化处。

6.2.3 各单位报送时间范围

略。

7 运行维护安全策略

7.1 全生命周期档案策略

7.1.1 档案中存放材料

(1)《哈尔滨工程大学涉密信息设备确定审批表》(BMB/HEU - QD - 01)。

(2)《哈尔滨工程大学涉密信息设备变更审批表》(BMB/HEU - BG - 01)。

(3)《哈尔滨工程大学涉密信息设备维修保密审批表》(BMB/HEU - SBWX - 01)、《哈尔滨工程大学涉密信息设备维修保密协议》(BMB/HEU - SBWX - 02)、《哈尔滨工程大学涉密信息设备维修过程记录单》(BMB/HEU - SBWX - 03)。

(4)《哈尔滨工程大学涉密信息设备报废(退出涉密使用)审批表》(BMB/HEU - BF - 01)。

(5)《哈尔滨工程大学携带涉密信息设备和涉密存储设备外出保密审批表》(BMB/HEU - WX - 01)、《哈尔滨工程大学涉密信息设备和涉密存储设备外出操作记录及归还检查登记表》(BMB/HEU - WX - 02)。

(6)《哈尔滨工程大学涉密信息系统、涉密信息设备和涉密存储设备安全保密策略执行表单》(BMB/HEU - CLWD - 01)、《哈尔滨工程大学涉密信息设备和涉密存储设备安全保密审计报告》(BMB/HEU - SJBG - 01)、《哈尔滨工程大学涉密信息设备和涉密存储设备风险自评估报告》(BMB/HEU - FXPJ - 01)。

(7)《涉密信息设备全生命周期使用登记簿(打印、刻录、复印)》(BMB/HEU - XXSC -

01)、《涉密信息设备全生命周期使用登记簿(端口、管理员 KEY、多人共用、中间机)》(BMB/HEU - JZSY - 01)、《涉密信息设备全生命周期使用登记簿(信息导入审批单)》(BMB/HEU - JZSY - 02)。

(8)其他与涉密信息设备相关的光盘、文档等资料。

7.1.2 档案说明

(1)涉密信息设备确定审批、变更审批、维修保密审批、维修过程记录单和报废审批表,以上各表一式两份,一份由网络信息中心备案,另一份存放于申请单位档案中。

(2)维修保密协议一式三份,第一份由网络信息中心备案,第二份存放于申请单位档案中,第三份由维修单位保留。

(3)外出保密审批表、外出操作记录及归还检查登记表,一式一份,存放于档案中。

7.2 涉密电子文档标识策略

(1)涉密计算机和涉密存储介质中存储的涉密电子文档须进行密级标识。

(2)涉密的电子文档,须在所在盘符、文件夹、文件名和文件的封面、首页(无封面时在首页)标明密级和密级标识,文档末尾页须增加《哈尔滨工程大学涉密文档辑要页》(BMB/HEU - WDBZ - 01)。

(3)处于起草、设计、编辑、修改过程中和已完成的电子文档、图表、图形、图像、数据,首页应该标注密级标志。

(4)电子数据文件、图表、图形、图像等涉密信息在首页无法直接标注密级标志的,可将密级标志作为文件名的一部分进行标注。

(5)在首页无法直接标注密级标志,也不能将密级标志作为文件名称的一部分进行标注时,可以建立涉密文件夹,将密级标志标注在文件夹上。应当将符合要求的涉密信息存放在具有密级标志的文件夹中,同时不违反上述(1)和(2)中的要求。

(6)涉及国家秘密的软件程序、数据库文件、数据文件、音频文件、视频文件等,在软件运行首页、数据视图首页、音频播放首段和影像播映首段应当标注密级标志。

(7)信息在存储、处理、传输过程中都应当具有密级标志,并与信息的涉密等级保持一致。涉密应用系统进行数据交换时,密级标志应当与应用系统处理业务流程的涉密等级相符合。信息在打印、刻录、拷贝等输出操作时,应当确保输出后的载体具有与源信息涉密等级相同的密级标志。

7.3 软件策略

(1)需要经常安装的工具软件和应用软件,须由运行维护人员进行安全检测后,列入软件白名单,并放置在指定服务器上,或存储在固定的存储设备(介质)中,供涉密信息系统和涉密信息设备用户自行安装使用,不用时可自行卸载。

(2)白名单中禁止列入操作系统、安全保密产品、检查检测工具、清除工具和国家明令禁止使用的软件。

(3)涉密计算机软件白名单分为学校白名单和处级单位白名单。

(4)涉密计算机的软件安装、卸载均由计算机安全保密管理员进行操作。

(5)涉密计算机如需安装白名单之外的软件,可根据软件使用范围、频率考虑是否需要更新白名单,或填写《哈尔滨工程大学涉密信息设备变更审批表》(BMB/HEU - BG - 01),采用单次审批方式安装相应软件。

7.4 计算机病毒与恶意代码防护策略

(1)计算机安全保密管理员对本单位所有涉密计算机安装防病毒与恶意代码软件。

(2)涉密计算机与中间机须安装公安部颁发的具有销售许可证的国产杀毒软件(瑞星杀毒软件、金山毒霸杀毒软件、360杀毒软件、江民杀毒软件),升级周期为两周,且中间机与涉密机上采用不同的病毒查杀工具。

(3)所有涉密计算机申请审批后应由计算机安全保密管理员安装防病毒与恶意代码软件,对系统进行全面病毒扫描后方可投入使用。涉密计算机责任人对杀毒软件进行更新,不能取消杀毒功能。当出于某种原因禁用杀毒软件时(如安装新软件),在重新使用系统前,用户必须对系统进行一次全面病毒扫描,开启实时防护功能。

(4)升级后应立即进行全盘查杀病毒,及时清除隔离区和未被删除的病毒,对无法删除的病毒要及时上报。

(5)所有涉密计算机必须保持防病毒与恶意代码软件的实时防护功能开启,任何人不得以任何形式在计算机使用状态下终止防病毒与恶意代码实时防护功能。

(6)病毒库升级包应由计算机安全保密管理员在连接互联网计算机上下载,按照4.3.1非涉密信息导入策略导入涉密计算机。

(7)被病毒感染的计算机必须中止信息交换等数据操作,直至病毒清除。

(8)如遇节假日或责任人外出时,须在节假日前一个工作日和节假日后第一个工作日进行病毒库升级和全盘查杀操作。

(9)杀毒软件须将防护系统安装路径加入白名单中。

Windows XP 系统主机审计客户端路径为 C:/Windows/System32/smp_agent。

Windows 7 系统主机审计客户端路径为 C:/Windows/Syswow64/smp_agent。

Windows XP 系统"三合一"客户端路径为 C:/Windows/System32/csmp_agent。

Windows 7 系统"三合一"客户端路径为 C:Windows/Syswow64/csmp_agent。

Windows XP 桌面防护路径为 C:/Program Files/朗威计算机终端安全与文件保护系统。

Windows 7 桌面防护路径为 C:/Program Files(x86)/朗威计算机终端安全与文件保护系统。

"三合一"服务器路径为 C:/BMS,主机审计服务器路径为 C:/LWSMP。

7.5 操作系统补丁策略

(1)涉密计算机须在补丁程序发布后3个月内安装操作系统补丁、各类应用程序补丁。

(2)Windows XP 操作系统补丁须更新到微软最后一次补丁发布时。

(3)Windows 7 补丁须随时根据微软官方发布情况,及时更新。

(4)office 补丁情况根据微软官方发布情况,经计算机管理员测试后,及时更新。

(5)通过系统命令(systeminfo)查验补丁安装情况,是否满足要求。

7.6 安全产品使用策略

7.6.1 终端安全登录与文件保护系统配置策略

(1)实施条件

机密级涉密计算机须安装朗威计算机终端安全登录与文件保护系统(桌面防护系统)。

(2)终端安全登录与文件保护系统配置策略(BMB/HEU - CLWD - 03)

7.6.2 “三合一”配置策略

(1)实施条件

涉密输出机、涉密中间机、涉密便携机、涉密台式机按照要求进行配置。

(2)“三合一”配置策略(BMB/HEU - CLWD - 04)

7.6.3 主机审计配置策略

(1)实施条件

涉密计算机须安装主机审计系统。

(2)主机审计配置策略(BMB/HEU - CLWD - 04)

7.6.4 杀毒软件配置策略

7.7 变更策略

7.7.1 变更基本要求

(1)涉密计算机的显示器、键盘、鼠标更换不需要审批,可以直接更换。

(2)涉密计算机主机硬件变化时必须进行审批(主板、CPU、内存、硬盘、显卡、光驱、电源),填写《哈尔滨工程大学涉密信息设备变更审批表》(BMB/HEU - BG - 01),责任人提出申请,研究所(项目组)负责人核实情况,处级单位负责人审核,网络信息中心审批。

(3)涉密信息设备和涉密存储设备的密级、责任人、地点、单位、用途、在用状态(启用,停用)、日志时间发生变化时须填写《哈尔滨工程大学涉密信息设备变更审批表》(BMB/HEU - BG - 01),责任人提出申请,研究所(项目组)负责人核实情况,处级单位负责人审核,网络信息中心审批。

(4)涉密信息设备硬件变更由计算机安全保密管理员进行拆装。

(5)涉密信息设备和涉密存储设备退出使用的应按报废策略执行。

7.7.2 低密级信息设备变为高密级信息设备

责任人提出申请,填写《哈尔滨工程大学涉密信息设备变更审批表》(BMB/HEU - BG - 01),研究所(项目组)负责人核定密级,处级单位负责人审核,网络信息中心审批。计算机安全保密管理员进行安全策略配置,安装相应的安全保密产品,按照新确定的涉密等级进行管理和使用。

7.7.3 高密级信息设备变为低密级信息设备

责任人提出申请,填写《哈尔滨工程大学涉密信息设备变更审批表》(BMB/HEU - BG - 01),研究所(项目组)负责人核定密级,处级单位负责人审核,网络信息中心审批。更换存储过涉密信息的硬件和固件,或者由计算机安全保密管理员使用国家保密行政管理部门批准的消除工具进行信息消除后,进行安全策略配置,安装相应的安全保密产品,按照新确定的涉密等级进行管理和使用。

7.7.4 涉密计算机重装操作系统

涉密计算机需重装操作系统时,由责任人提出申请,填写《哈尔滨工程大学涉密信息设备变更审批表》(BMB/HEU - BG - 01),研究所(项目组)负责人核实情况,处级单位负责人审核,网络信息中心审批,计算机安全保密管理员负责操作系统的安装、安全保密产品安装、安全策略配置,并更新台账。

7.7.5 软件变更

涉密计算机如需安装白名单之外的软件,可根据软件使用范围、频率考虑是否需要更新白名单,或填写《哈尔滨工程大学涉密信息设备变更审批表》(BMB/HEU - BG - 01),研究所(项目组)负责人核定密级,处级单位负责人审核,网络信息中心审批,采用单次审批方式安装相应软件。

7.7.6 硬件变更

因工作需要新增或拆除硬件设备或者部件,应当由责任人提出申请,填写《哈尔滨工程大学涉密信息设备变更审批表》(BMB/HEU－BG－01),研究所(项目组)负责人核定密级,处级单位负责人审核,网络信息中心审批,计算机安全保密管理员负责实施,相应的存储部件或固件按照涉密存储介质管理,其他硬件可自行处理。

7.8 维修策略

涉密信息设备或涉密存储设备发生故障时,责任人应当填写《哈尔滨工程大学涉密信息设备维修保密审批表》(BMB/HEU－SBWX－01),经课题组或处级主管领导批准后,向学校网络信息中心提出维修申请。涉密信息设备和涉密存储设备维修时应建立维修日志和档案,对涉密信息设备和涉密存储设备的维修情况进行记录,填写《哈尔滨工程大学涉密信息设备和涉密存储设备维修过程记录单》。

7.8.1 工作现场维修

由网络信息中心指派学校运行维护人员(涉密人员)进行维修;需外单位人员到现场维修时,应当由信息化处与维修单位签订维修合同和保密协议,学校的运行维护人员或设备责任人全程旁站陪同。维修前须对涉密信息和存储涉密信息的硬件和固件采取必要的保护措施,维修过程中,禁止维修人员恢复、读取和复制待维修设备中的涉密信息。禁止通过远程维护和远程监控,对涉密信息设备进行维修。

7.8.2 送外单位维修

应当由网络信息中心统一送修。送出前应当拆除所有存储过涉密信息的硬件和固件,并按照保密要求进行管理。不能拆除涉密存储硬件和固件,或涉密存储硬件和固件发生故障时应当办理审批手续,送至具有涉密数据恢复资质的单位进行维修,并由专人负责送取。维修完成后,应当进行保密检查,安装存储涉密信息的硬件和固件,由设备责任人办理交接手续后取回使用。

7.8.3 无法维修

应当按照涉密信息设备和涉密存储设备销毁策略予以销毁。

7.9 报废及销毁策略

7.9.1 报废(退出涉密使用)策略

(1)涉密信息设备和涉密存储设备需退出涉密使用或者报废时,由设备责任人填写《哈尔滨工程大学涉密信息设备报废(退出涉密使用)审批表》(BMB/HEU－BF－01),写明存储硬件和固件的去向(继续使用的填写新涉密设备保密编号;留存的按照涉密载体进行管理,填写涉密载体编号,并由接收人签字;不再使用的填写销毁审批单编号),经研究所(项目组)负责人核实情况,处级单位负责人审核,信息化处审批,网络信息中心记入台账。由计算机安全保密管理员按类别进行涉密信息消除及相关硬件拆卸、上交。

(2)已履行完报废(退出涉密使用)手续的涉密计算机,可以安装新硬盘作为非涉密计算机使用。

7.9.2 销毁策略

不再使用的涉密计算机硬盘、涉密外部设备的存储芯片等存储硬件和固件,应履行涉密载体销毁手续,填写《哈尔滨工程大学涉密载体销毁审批表》(BMB/HEU－XH－01)和

《哈尔滨工程大学涉密载体销毁清单》(BMB/HEU - XH - 02),注明设备的保密编号和存储硬件、固件的序列号,定密责任人签字,处级单位审批,计算机保密管理员进行涉密信息消除,预约时间送至保密处涉密载体销毁中转库房。

7.10 系统安全性能检测策略

7.10.1 安全性能检测基本要求

(1)安全性能检测由计算机安全保密管理员进行。

(2)安全性检测对象包括所有涉密信息设备和涉密存储设备。

7.10.2 涉密信息设备和涉密存储设备自检自查内容

(1)是否连接非涉密设备。

(2)是否连接互联网。

(3)是否使用无线设备。

(4)是否超越密级存储信息。

(5)台账是否正确。

(6)标识是否正确。

(7)信息档案是否完整。

(8)策略文件是否按要求完成。

(9)审计报告是否按要求完成。

(10)风险自评估报告是否按要求完成。

(11)是否非授权安装操作系统。

(12)是否非授权更换系统硬件。

(13)是否非授权安装卸载软件。

(14)防病毒软件运行是否正常,病毒库是否为最新等。

(15)操作系统补丁、应用软件补丁是否及时更新。

(16)BIOS 设置是否正确。

(17)操作系统日志记录是否完整。

(18)是否满足电磁泄漏发射防护要求。

(19)用户策略、密码策略是否正确设置。

(20)端口开放登记是否完整。

(21)连接介质、数据导入导出登记是否完整。

(22)涉密电子文档标密是否正确。

(23)多人共用是否登记完整。

(24)外出携带是否有审批、检查。

7.10.3 非涉密信息设备和非涉密存储设备自检自查内容

(1)是否连接涉密设备。

(2)是否连接涉密计算机。

(3)是否存储涉密信息。

(4)连接互联网计算机是否存储内部信息和敏感信息。

(5)存储内部信息和敏感信息的计算机是否有无线设备、互联网、存储介质连接记录。

7.11 应急响应策略

(1)涉密计算机系统异常,如系统瘫痪、硬件故障、电源故障等,须及时向计算机安全保密管理员汇报,由计算机安全保密管理员进行相关处理。

(2)安全保密产品及相关设备异常,计算机安全保密管理员按照恢复操作系统、恢复安全保密产品软件、恢复数据库这三个步骤进行系统恢复。

(3)计算机安全保密管理员须定期对安全审计日志进行综合分析,并对异常事件进行问题分析,形成整改计划。

(4)计算机安全保密管理员针对可能发生的安全事件(如病毒破坏等)和所造成的对系统的损坏(如数据篡改、系统瘫痪等),制定并采取相应的应急响应和补救措施,并对事件类型、发生原因、影响范围、补救措施和最终结果等进行详细记录。

(5)发现涉密信息失窃事件,按照《哈尔滨工程大学泄密事件查处办法》执行。当涉密计算机、安全保密产品、信息存储介质等发生泄密事件时,计算机安全保密管理员应立即停止涉密事件相关信息设备的运行,并对泄密源头、系统隐患、风险等进行排查,确定原因,进行改进,及时向保密处报告,协助学校查明泄密事件发生的原因,并及时补救,切断泄密源。对事件的类型、发生原因、影响范围、补救措施和最终结果进行详细的记录。

(6)发现外单位通过互联网及其他公共信息网络发来涉密信息,应当及时将接收信息的计算机断开网络连接,将情况立即上报保密处,记录接收现场设备的工作状态,清除涉密信息并通报发文单位。

7.12 非涉密计算机运行安全策略

7.12.1 基本要求

(1)禁止使用非涉密信息系统、非涉密信息设备和非涉密存储设备存储、处理、传输国家秘密信息。

(2)禁止连接涉密信息系统、涉密信息设备和涉密存储设备。

(3)禁止在未采取保密措施的有线或无线通信中传递国家秘密。

7.12.2 互联网计算机运行安全策略

(1)禁止存储内部信息和不适宜在互联网中处理的敏感信息。

(2)集中使用的互联网信息设备应当指定专人负责管理,分散使用的互联网设备应当明确责任人。

(3)涉密场所使用的互联网信息设备禁止安装、配备和使用摄像头、麦克风等视音频输入设备。

(4)各单位通过校园网向外传输信息时按照相关管理办法执行。

(5)非涉密信息系统公开发布信息时应按照相关管理办法执行。

8 附则

相关说明:

(1)计算机安全保密管理员应为每台涉密计算机建立安全保密策略,填写《哈尔滨工程大学涉密信息系统、涉密信息设备和涉密存储设备安全保密策略执行表单》(BMB/HEU-CLWD-01)。

(2)本策略相关的奖惩由保密处按照学校相关保密制度执行。

(3)本策略由信息化处负责解释。

(4)本制度自发布之日起执行。

附录G 信息系统、信息设备和存储设备安全保密管理办法模板(单机版)

第一章 总 则

第一条 依照《信息系统、信息设备和存储设备保密管理办法》《信息系统、信息设备和存储设备安全保密策略》中的相关要求制定本制度,用以保障信息系统、信息设备和存储设备安全保密管理策略提出的对策和解决方案正确执行。

第二条 部门职责

(一)信息化管理部门负责制定信息系统、信息设备和存储设备保密管理办法,信息系统、信息设备和存储设备安全保密策略,信息系统、信息设备和存储设备管理制度,对操作规程的合规性进行核实,形成信息安全保密管理体系文件。

(二)保密工作机构负责对管理办法和信息安全保密管理体系文件的合规性进行核实,并监督其办法、体系文件的落实情况、安全以及对失泄密事件进行查处。

(三)运行维护服务部门负责指定信息系统、信息设备和存储设备保密操作规程,负责并指导各级使用单位开展信息系统、信息设备和存储设备的日常运行维护。

(四)各级使用单位按照信息安全保密管理体系文件要求,负责本单位的信息系统、信息设备和存储设备的安全保密管理,以及日常运行维护。

第二章 基本要求

第三条 涉密信息系统、涉密信息设备和涉密存储设备管理的基本要求

(一)禁止将涉密信息系统、涉密信息设备和涉密存储设备接入互联网及其他公共信息网络。

(二)禁止在未采取防护措施的情况下,在涉密信息系统、涉密信息设备和涉密存储设备与互联网及其他公共信息网络之间进行信息交换。

(三)禁止未经安全技术处理,将退出使用的涉密信息设备和涉密存储设备赠送、出售、丢弃或者改作其他用途。

(四)禁止擅自卸载、修改涉密信息系统、涉密信息设备和涉密存储设备的安全技术程序、管理程序。

(五)禁止擅自访问、下载、存储、传输知悉范围以外的国家秘密。

(六)禁止擅自扫描或者检测涉密信息系统的网络基础设施、安全保密产品及应用系统等。

(七)涉密信息系统必须通过国家保密行政管理部门设立或者授权测评机构的系统测评后存储、处理涉密信息。

(八)涉密信息系统通过系统测评后须按要求提交涉密网络运行许可申请,已获得运行

许可的须按要求进行风险评估。

（九）禁止修改、删除涉密计算机保密技术防护专用系统的监控程序报警回联地址。

（十）禁止故意隐藏涉密信息设备和涉密存储设备，规避检查。

（十一）测试、调试、仿真、工控、数控等专用信息设备或者信息系统，接入涉密信息系统须制定专门的安全保密方案，并报国家保密行政管理部门审查。

（十二）涉密信息系统采用虚拟化技术，须制定专门的安全保密方案并报国家保密行政管理部门审查。

（十三）禁止委托系统内无相应资质单位承担涉密信息系统运行维护。

（十四）未经审批，禁止更换涉密服务器、涉密计算机硬盘。

（十五）未经审批，禁止重装涉密计算机操作系统。

第四条　非涉密信息系统、非涉密信息设备和非涉密存储设备管理的基本要求

（一）禁止使用非涉密信息系统、非涉密信息设备和非涉密存储设备存储、处理、传输国家秘密信息。

（二）禁止连接涉密信息系统、涉密信息设备和涉密存储设备。

（三）禁止在未采取保密措施的有线或无线通信中传递国家秘密。

第三章　涉密信息系统管理

第五条　涉密信息系统依据其存储、处理、传输涉密信息的最高密级划分为秘密级、机密级（包括机密增强级）和绝密级三个等级。

第六条　涉密信息系统的定级

（一）拟建设涉密信息系统的单位应拟定系统密级，履行相关审批程序，报保密工作机构。

（二）保密工作机构组织保密委员会定密工作组论证、确定涉密信息系统的密级，并进行批复。

第七条　涉密信息系统的方案设计

（一）拟建设单位按照相关要求选择具有涉密资质的单位进行涉密信息系统建设分级保护方案设计。

（二）根据国家涉密信息系统相关标准要求，涉密信息系统建设分级保护方案设计应包括工程建设技术方案、安全管理方案和系统管理组织机构等。

（三）涉密信息系统建设分级保护方案设计经评审会审核通过后，报上级保密工作主管部门审批，通过后方可实施建设。

第八条　涉密信息系统工程实施

（一）工程实施前，涉密信息系统建设使用单位应根据工程的具体情况划定保密范围，制定相应的保密措施和保密控制流程，严格控制接触涉密信息的人员范围。

（二）工程实施期间，系统的建设使用单位应选择具有涉密工程监理单项资质的单位或委托保密工作机构负责工程监理。

第九条　涉密信息系统测评

（一）工程施工结束后，系统建设使用单位应向保密工作机构提出验收申请。

（二）保密工作机构组织技术工作组进行校内验收，通过后，系统的建设使用单位可进

行系统的试运行。

（三）保密工作机构负责报国家保密行政管理部门授权的系统测评机构对涉密信息系统进行安全保密测评。

第十条　涉密信息系统审批

（一）测评通过后，保密工作机构负责报国家保密行政管理部门审批。

（二）审批通过后，取得“涉及国家秘密的信息系统使用许可证”，之后方可处理涉密信息。

第十一条　涉密信息系统运行与管理

（一）系统建设使用单位应明确安全保密管理策略，设置安全保密管理人员，落实保密管理制度。

（二）系统建设使用单位应从人员管理、物理环境与设施管理、设备与介质管理、运行与开发管理和信息保密管理五个方面进行日常安全保密管理。

（三）涉密信息系统投入运行后，使用单位应定期进行风险评估，动态调整安全策略，实时补充和完善技术与管理措施。

（四）涉密信息系统中涉及的信息设备和存储设备按照本办法第五章内容进行管理。

第十二条　涉密信息系统变更与废止

（一）当系统环境和应用发生重大改变或许可证涉及事项发生变化时，应及时进行方案论证，并采取相应的补充保护措施，按照有关规定报告，由国家保密行政管理部门授权的系统测评机构再次进行测评。

（二）涉密信息系统不再使用时履行相关审批程序，报保密工作机构，由保密工作机构向该系统审批的保密行政管理部门备案，并按照有关保密规定妥善处理涉及国家秘密的信息设备和存储设备。

第四章　涉密信息设备和涉密存储设备管理

第十三条　涉密信息设备和存储设备实行全生命周期管理，必须遵守管理要求

（一）涉密信息设备和涉密存储设备的确定。

涉密信息设备和涉密存储设备依据其存储、处理、传输涉密信息的最高密级划分为秘密级、机密级和绝密级三个等级。

涉密信息设备和涉密存储设备须明确责任人和使用人，履行相关审批程序后方可用于涉密工作。

涉密信息设备和涉密存储设备禁止使用蓝牙、无线网卡等无线模块。

（二）涉密信息设备和涉密存储设备的使用。

涉密信息设备和涉密存储设备须建立全生命周期档案，档案应体现设备的所有审批、登记和使用记录。

涉密单位应建立涉密信息设备和涉密存储设备、非涉密信息设备和非涉密存储设备台账，做到信息要素完整、账物相符，并定期逐级上报。

涉密信息设备和涉密存储设备、非涉密信息设备和非涉密存储设备须粘贴统一下发的标识，标识的信息要填写完整。

涉密信息设备和涉密存储设备中存储的涉密信息应当具有密级标志。

禁止超越涉密信息设备和涉密存储设备的涉密等级来存储、处理和传输涉密信息；禁止在低密级涉密信息设备上使用高密级存储设备。

（三）涉密信息设备和涉密存储设备的变更。

涉密信息设备和涉密存储设备的责任人、使用人、密级、存放地点、接入外部设施设备、用途等信息发生变化时，履行相关审批程序后方可变更。

涉密信息设备和涉密存储设备的存储部件禁止解除密级使用。

（四）涉密信息设备和涉密存储设备的维修。

涉密信息设备和涉密存储设备如需进行维修，履行相关审批程序后由计算机安全保密管理员进行维修；需外单位维修的，与维修单位和维修人员签订保密协议后方可进行。维修一般应在校内进行，并由本单位有关人员全程旁站陪同，确保所存储的国家秘密信息不被泄露。

需要外出维修的，应当拆除所有可能存储过涉密信息的硬件和固件；不能拆除硬件和固件，或涉密存储介质、涉密存储硬件及固件发生故障时应当办理审批手续，送至具有涉密信息系统数据恢复资质的单位进行维修，并由专人负责送取。无法维修时，应当按照涉密载体销毁要求予以销毁。

（五）涉密信息设备和涉密存储设备的报废、销毁。

涉密信息设备和涉密存储设备不再从事涉密工作时，履行相关审批程序后进行报废，不再使用涉密信息设备和涉密存储设备的存储部件应按照涉密载体销毁流程履行相关要求予以销毁。

第十四条　涉密计算机管理

（一）涉密计算机原则上专人专用，特殊情况需多人共同使用的必须指定专人管理，控制每个用户的访问权限，确保涉密信息不被他人非授权访问或者获取。

（二）涉密计算机存储的各类涉密电子文档、图表、图像、数据、声像等资料按规定标明密级和保密期限，填写涉密文档辑要页。

（三）涉密计算机应按要求实施文档化的安全保密策略，并根据环境、系统和威胁变化情况及时调整更新。

（四）涉密计算机应安装统一配发的各类防护系统，并按要求采取电磁泄漏发射防护，与非涉密设备、偶然导体保持一定距离。

（五）涉密计算机应及时安装操作系统、应用系统补丁和定期更新病毒与恶意代码样本库，并进行病毒和恶意代码查杀。

（六）各涉密单位根据本单位情况确定涉密计算机软件白名单，如安装软件白名单外的软件或更换主机内部硬件设备时须履行审批程序。

（七）涉密计算机应按要求设置三重密码，并按照相应周期进行修改。机密级需要采用USB KEY进行身份鉴别；绝密级需要采用生理特征进行身份鉴别。

（八）外来涉密信息导入涉密计算机，原则上只接受外来光盘，使用中间机进行病毒查杀，将数据通过专用介质进行信息导入，并进行登记记录。

（九）涉密计算机的信息输出应做到相对集中、专人管理，并采取技术措施控制信息的非授权输出，输出的资料须进行登记审批。

（十）涉密便携式计算机须明确是否专供外出携带。携带外出时应履行审批程序，并进行带出前检查；外出期间按照保密要求管理使用；带回时对相关记录进行检查核实。不使用时应将涉密便携式计算机存放于密码文件柜中。

（十一）涉密计算机应定期（绝密级 1 周，机密级 1 个月，秘密级 3 个月）根据审计日志数据和自查情况形成安全保密审计报告和风险自评估报告，对存在的风险及时采取补救措施，并按照时间要求进行报送。

第十五条　涉密外部设施设备管理

（一）涉密外部设施设备按照存储、处理、传输的最高密级确定设备密级。

（二）涉密打印机、涉密外置刻录机、涉密制图机等输出设备输出资料时应履行登记审批手续。

（三）涉密文拍仪、涉密扫描仪等信息输入设备可以通过涉密中间机或者与该外部设施设备绑定的涉密计算机进行信息导入。

（四）与涉密计算机通过 USB 端口连接的涉密外部设施设备必须登记序列号。

第十六条　涉密办公自动化设备管理

（一）涉密办公自动化设备的存放和使用场所应相对固定，并指定责任人，按照保密要求管理和使用。

（二）启用涉密复印机须确定为涉密复印点，履行相关审批程序后方可用于涉密工作。

第十七条　涉密声像设备管理

（一）与涉密声像设备配套使用的存储卡应确定为涉密存储介质，按照涉密存储介质进行管理。

（二）涉密声像设备的信息导出须按照具体操作流程严格执行，导出后按照要求进行信息标密。

第十八条　涉密存储设备管理

（一）涉密存储设备是指存储介质和其他用于存储涉密信息的设备。

（二）涉密存储介质不使用时应存放在密码文件柜中。

（三）禁止在低密级计算机上使用高密级存储介质；禁止在低密级存储介质上存储高密级信息。

第五章　非涉密信息系统、非涉密信息设备和非涉密存储设备管理

第十九条　非涉密信息系统管理

（一）明确非涉密信息系统责任人，采取符合有关规定和标准的监管技术措施。

（二）非涉密信息系统公开发布信息时应按照相关管理办法执行。

第二十条　非涉密信息设备管理

（一）内部信息设备管理

禁止连接互联网和其他公共信息网络。

可以存储内部信息和不适宜在互联网中处理的敏感信息。

（二）互联网信息设备管理

禁止存储内部信息和不适宜在互联网中处理的敏感信息。

集中使用的互联网信息设备应当指定专人负责管理，分散使用的互联网设备应当明确责任人。

涉密场所使用的互联网信息设备禁止安装、配备和使用摄像头、麦克风等视音频输入

设备。

各单位通过校园网向外传输信息时按照相关管理办法执行。

第二十一条　非涉密存储设备管理

各使用单位根据本单位情况对非涉密存储设备进行统一编号,登记序列号,明确责任人。

第六章　执 行 要 求

第二十二条　策略文件执行要求

(一)新确定的涉密信息设备和涉密存储设备均须按照策略文件要求实施策略。

(二)当涉密信息设备和涉密存储设备的物理环境、安全保密设施、风险威胁变化时,应按照策略文件要求重新实施策略。

(三)当安全保密产品、风险威胁或国家相关标准发生变化时,由信息化管理部门组织对信息系统、信息设备和存储设备安全保密策略进行修订,以满足最新的要求。

第二十三条　操作规程执行要求

(一)涉密信息设备和涉密存储设备须按照操作规程进行设置和使用。

(二)信息系统、信息设备和存储设备安全保密策略调整后,运行维护服务部门负责调整信息系统、信息设备和存储设备保密操作规程,信息化管理部门负责更新信息安全保密管理体系文件。

第七章　附　　则

第二十四条　依照保密奖惩规定,对信息系统、信息设备和存储设备的使用管理和安全策略的落实进行奖惩。

第二十五条　本办法由信息化管理部门会同保密工作机构负责解释。

第二十六条　本办法自发布之日起实施。

附录H 信息系统、信息设备和存储设备操作规程模板(单机版)

1 操作规程分类

1.1 涉密信息设备和涉密存储设备确定操作规程

1.2 信息系统、信息设备和存储设备台账操作规程

1.3 涉密信息设备全生命周期档案操作规程

1.4 涉密信息系统、涉密信息设备和涉密存储设备策略文档操作规程

1.5 涉密信息设备和涉密存储设备标识操作规程

1.6 涉密信息设备和涉密存储设备电子文档标识操作规程

1.7 涉密计算机系统用户操作规程

1.8 涉密计算机用户密码操作规程

1.9 涉密计算机操作系统策略操作规程

1.10 涉密计算机补丁及杀毒软件操作规程

1.11 涉密信息设备和涉密存储设备变更操作规程

1.12 涉密计算机软件操作规程

1.13 涉密信息设备和涉密存储设备电磁泄漏发射防护操作规程

1.14 涉密存储介质使用操作规程

1.15 涉密计算机端口操作规程

1.16 非涉密信息导入操作规程

1.17 涉密信息导入操作规程

1.18 信息输出操作规程

1.19 涉密信息设备和涉密存储设备外出携带操作规程

1.20 涉密信息设备和涉密存储设备维修操作规程

1.21 涉密信息设备和涉密存储设备检查操作规程

1.22 涉密信息设备和涉密存储设备安全保密审计报告操作规程

1.23 涉密信息设备和涉密存储设备风险自评估报告操作规程

1.24 涉密信息设备和涉密存储设备报废操作规程

1.25 涉密存储硬件和固件销毁操作规程

1.26 “三合一”客户端部署操作规程

1.27 主机审计客户端部署操作规程

1.28 桌面防护部署操作规程

2 目的

按照国家相关要求,通过对信息系统、信息设备和存储设备的管理、使用流程进行有效控制,可加强信息系统、信息设备和存储设备的安全保密管理,保证国家秘密安全。

3 范围

本程序适用于单位保密体系范围内所有涉密信息设备和涉密存储设备。

4 相关文件

4.1 信息系统、信息设备和存储设备保密管理办法

4.2 信息系统、信息设备和存储设备信息安全保密策略

5 职责

5.1 负责涉密信息设备和涉密存储设备的日常使用

5.2 计算机安全保密管理员负责日常管理与维护

6 流程图

7 工作程序

8 应用表格

附录I 安全审计报告模板(单机版)

1 总体情况

1.1 设备基本信息

1.2 审计情况概述

审计周期内涉密计算机运行正常。

物理安全审计概述:环境未发生变化,设备安全正常,介质使用正常。

运行安全审计概述:重要数据备份正常,计算机未感染病毒,打印输出登记完整,刻录输出登记完整,数据流入流出登记完整,便携式计算机使用正常,软件部署正常。

信息安全审计概述:身份鉴别正常,端口访问控制登记完整,电磁泄漏发射防护正常,系统安全性能检测正常,“三合一”策略正常,主机审计策略正常,桌面防护策略正常,操作系统策略正常,防病毒软件策略正常,数据库备份正常,未出现违规情况。

2 审计方法

按照《信息系统、信息设备和存储设备安全保密策略》要求,核对设备的《涉密信息设备全生命周期使用登记簿(打印、刻录、复印)》《涉密信息设备全生命周期使用登记簿(端口、管理员 KEY、多人共用、中间机)》、审计日志和其他相关登记记录。

3. 物理设备安全审计

3.1 物理和环境安全审计

3.1.1 审计内容

核查涉密信息设备和涉密存储设备所在场所的物理环境、涉密设备与非涉密设备、偶然导体的距离,以及安防设施的运转。

3.1.2 审计结果

涉密场所未发生变化,设备摆放距离符合要求,安防设施运转正常。

3.2 通信和传输安全审计

3.2.1 审计内容

核查密码保护措施的使用情况,红黑电源隔离插座、视频干扰仪使用情况。

3.2.2 审计结果

涉密场所未发生变化,设备摆放距离符合要求,安防设施运转正常。

3.3 信息设备安全审计

3.3.1 审计内容

核查涉密设备台账、《涉密信息设备确定审批表》《涉密信息设备变更审批表》《涉密信息设备维修保密审批表》《涉密信息设备维修保密协议》《涉密信息设备维修过程记录单》《涉密信息设备报废审批表》《涉密载体销毁审批表》《涉密载体销毁清单》。

3.3.2 审计结果

设备台账信息准确、完整、账物相符,各类审批表齐全,均已存储全生命周期档案。

3.4 存储设备安全审计

3.4.1 审计内容

核查《涉密存储介质(U 盘)汇总表》《涉密存储介质(移动硬盘)汇总表》《涉密计算机 KEY 汇总表》,核查介质存放、存储信息、存储介质使用是否满足要求。

3.4.2 审计结果

介质台账信息准确、完整、账物相符，介质存放符合要求，存储信息正常，不存在超越密级存储涉密信息情况。

4 操作安全审计

4.1 身份鉴别审计

4.1.1 审计内容

核查《涉密信息设备确定审批表》《涉密信息设备变更审批表》，该计算机是否为多人共用，是否划分用户权限，其用户数量设置是否符合要求，是否定期修改密码。

4.1.2 审计结果

用户设置符合要求，多人共用的用户均按照 user 权限划分，并定期修改密码。

4.2 访问控制审计

4.2.1 审计内容

核查“三合一”系统端口管理记录与《涉密信息设备全生命周期使用登记簿（端口、管理员 KEY、多人共用、中间机）》，核查多人共用计算机的用户分区访问权限。

4.2.2 审计结果

端口管理登记记录完整，内容与“三合一”日志记录相符，多人共用分区权限正确设置。

4.3 信息导入安全审计

4.3.1 审计内容

核查“三合一”系统文件导入记录、主机审计文件流入流出记录，及《涉密信息设备全生命周期使用登记簿（端口、管理员 KEY、多人共用、中间机）》《涉密信息设备全生命周期使用登记簿（信息导入审批单）》。

4.3.2 审计结果

信息导入登记记录完整，内容与“三合一”日志和主机审计日志记录相符。

4.4 打印审计

4.4.1 审计内容

核查主机审计系统打印数据与登记记录数据，主机审计系统打印输出记录　　次，《涉密信息设备全生命周期使用登记簿（打印、刻录、复印）》打印输出　　次。

4.4.2 审计结果

打印输出登记记录、审批完整，记录内容与审计内容相符，共计打印输出　　次。

4.5 刻录审计

4.5.1 审计内容

核查主机审计系统刻录数据与登记记录数据，主机审计系统刻录输出记录　　次，《涉密信息设备全生命周期使用登记簿（打印、刻录、复印）》刻录输出　　次。

4.5.2 审计结果

刻录输出登记记录、审批完整，记录内容与审计内容相符，共计刻录输出　　次。

5 应用系统及数据安全审计

5.1 应用系统安全审计

5.1.1 审计内容

核查应用系统运行日志、网络安全、数据通信安全、操作系统安全、数据库安全、应用程序安全、终端安全等是否满足要求。

5.1.2 审计结果

应用系统运行正常,用户登录记录完整,信息传输完整,操作系统安全、数据完整,满足保密要求。

5.2 信息交换安全策略

5.2.1 审计内容

核查《涉密信息设备全生命周期使用登记簿(端口、管理员 KEY、多人共用、中间机)》《保密技术相关事件报告表》,是否发生违规外联事件。

5.2.2 审计结果

登记记录完整,无违规外联事件发生。

5.3 数据和数据库安全审计(备份)

5.3.1 审计内容

核查"三合一"服务器数据库备份情况、主机审计服务器数据库备份情况、"三合一"客户端日志备份情况、主机审计客户端日志备份情况。

5.3.2 审计结果

数据已正常备份,无异常事件发生。

5.4 开发和维护安全审计

5.4.1 审计内容

核查开发和维护是否满足数据安全、运行安全、系统安全、物理安全、人员安全等策略。

5.4.2 审计结果

开发和维护满足数据安全、运行安全、系统安全、物理安全、人员安全等策略,无异常事件发生。

6 运行维护安全审计

6.1 全生命周期档案审计

6.1.1 审计内容

核查全生命周期档案存档内容与实际是否相符,档案是否体现设备完整生命周期,内容是否符合要求。

6.1.2 审计结果

全生命周期档案存档内容与实际相符,档案能够体现设备完整生命周期,内容符合要求。

6.2 计算机病毒与恶意代码防护审计

6.2.1 审计内容

核查瑞星防病毒软件的运行情况,以及查杀的次数。

6.2.2 审计结果

瑞星防病毒软件运行正常,进行了两次更新、两次全盘查杀,未发现病毒。

6.3 外出携带便携式计算机运行审计

6.3.1 审计内容

核查计算机系统日志与《携带涉密信息设备和涉密存储设备外出保密审批表》《涉密信息设备和涉密存储设备外出操作记录及归还检查登记表》《涉密信息设备全生命周期使用登记簿(端口、管理员 KEY、多人共用、中间机)》《涉密信息设备全生命周期使用登记簿(打印、刻录、复印)》。

6.3.2 审计结果

外出携带审批登记与实际相符，带出前、带回后检查记录完整、翔实，各类登记簿登记、审批完整。

6.4 软件部署审计

6.4.1 审计内容

核查学校《涉密计算机软件白名单》、学院《涉密计算机软件白名单》《涉密信息设备变更审批表》，及系统安装软件。

6.4.2 审计结果

涉密计算机安装软件均在白名单内，未发现违规操作。

6.5 “三合一”策略审计（“三合一”、主机审计、桌面防护）

6.5.1 审计内容

核实“三合一”策略是否按要求配置。

6.5.2 审计结果

“三合一”策略均按要求进行配置，未进行调整，系统运行正常。

6.6 主机审计策略审计

6.6.1 审计内容

核实主机审机策略是否按要求配置。

6.6.2 审计结果

主机审计策略均按要求进行配置，未进行调整，系统运行正常。

6.7 桌面防护策略审计

6.7.1 审计内容

核实桌面防护策略是否按要求配置。

6.7.2 审计结果

桌面防护策略均按要求进行配置，未进行调整，系统运行正常。

6.8 操作系统策略审计（密码、账户、审核、日志存储、服务）

6.8.1 审计内容

核实操作系统策略是否按要求配置。

6.8.2 审计结果

操作系统策略均按要求进行配置，未进行调整，系统运行正常。

6.9 防病毒软件策略审计（配置）

6.9.1 审计内容

核实金山毒霸策略、瑞星 2011 策略、瑞星 V16/V17 策略、360 杀毒策略是否按要求配置。

6.9.2 审计结果

杀毒软件策略均按要求进行配置，未进行调整，系统运行正常。

6.10 系统安全性能检测审计

6.10.1 审计内容

核查自检自查记录，是否按时间要求进行自查，自查内容是否如实填写，自查问题是否及时整改。

6.10.2 审计结果

自检自查内容属实、记录完整,能够体现发现的问题和所进行的整改。

7 主要存在问题及整改措施

略。

责任人签字:

计算机安全保密管理员签字:

审计时间:

附录J　风险自评估报告模板(单机版)

1 基本信息

基本信息见附表 J.1。

附表 J.1

涉密信息设备编号		密级		单位	
负责人			使用人		
评估时间范围	年　月　日至　年　月　日				
评估时间			评估人签字		

2 评估方法

2.1 评估说明

涉密信息设备、存储设备风险自评估报告从物理安全、系统安全、信息安全、运行管理及应急安全四个方面进行风险综合评估,以查找其脆弱性和威胁,确定风险和隐患,及时采取整改措施。

本风险评估报告评估等级的计算对各级分类单独计算,如涉及违反《武器装备科研生产单位一级保密资格评分标准》中的基本条目或重点扣分条目时,该信息设备、存储设备自评估风险等级为高风险,不再按分值计算。

2.2 评估计算方法

评估内容中,每项评估条目满分 2 分,根据实际情况进行打分,如此项不涉及,则按照 2 分打分。

对于相应的分类风险评估等级,计算所有涉及的条目得分,满分为低风险,不满分且大于或等于或满分的 70% 为中风险,小于满分的 70% 为高风险。

该风险自评估报告与审计报告一同上报信息化处。

3 评估内容

3.1 物理设备安全评估(满分 56 分)

3.1.1 物理和环境安全评估(满分 10 分)

(1)涉密场所安装防盗门。

☐ 未安装得 0 分　☐ 未安装但有监控等安防措施得 1 分　☐ 已安装得 2 分

(2)安装防盗窗。

☐ 未安装得 0 分　☐ 未安装且处于较高楼层得 1 分　☐ 已安装得 2 分

(3)涉密场所采用电子门禁系统、视频监控系统、防盗报警系统对人员出入情况进行监控。

☐ 场所为要害部位且未安装得 0 分

☐ 场所为要害部位且已安装部分安防系统得 1 分

☐ 场所为要害部位且安防系统正常运行或场所为一般涉密场所并安装部分安防系统得 2 分

(4)要害部位做到对进入人员进行登记。

□ 未登记得0分　　□ 未登记完整或信息要素不全得1分

□ 已登记完整且信息要素齐全或不涉及此项得2分

(5)涉密场所有非涉密计算机时而独立划分工作区域,涉密计算机与非涉密设备和偶然导体保持安全警戒距离且没有置于同一金属平台,上网计算机禁止安装摄像头、麦克风等音视频输入设备。

□ 未划分或者上网计算机装有音视频输入设备得0分

□ 划分独立区域,但不满足警戒距离要求得1分

□ 划分独立区域,且满足上述要求或不涉及此项得2分

3.1.2 通信和传输安全评估(满分6分)

(1)各涉密单位,如需使用国家普通密码产品,须制定专门的密码产品保护方案,报保密处进行审核。

□ 使用密码产品,未进行管理得0分

□ 未使用密码产品,或使用密码产品并有相应保护方案得2分

(2)涉密信息设备的电源必须使用红黑电源隔离插座,多台涉密信息设备可在红黑电源隔离插座后串接普通插座使用。

□ 未使用得0分　　□ 按规定使用得2分

(3)机密级涉密计算机,须安装视频干扰器。视频干扰器遵循先开后关原则,即电脑开启前先打开,电脑关闭后再关闭。

□ 未使用得0分　　□ 不涉及或按规定使用得2分

3.1.3 信息设备安全评估(满分28分)

(1)涉密计算机及与其相关的涉密办公自动化设备、涉密移动存储介质已建立涉密设备台账,均已标明密级、编号、责任人。

□ 未建立台账得0分　□ 已建立涉密设备台账,但台账要素不完整得1分

□ 已建立台账且台账要素完整得2分

(2)涉密计算机建立全生命周期管理档案,相关记录齐全。

□ 未建立全生命周期管理档案得0分

□ 建立全生命周期管理档案,但相关记录不齐全得1分

□ 已建立全生命周期管理档案且相关记录齐全得2分

(3)涉密、非涉密计算机及相关设备按规定粘贴学校统一设计制定的标识。

□ 未粘贴标识得0分　□ 只有部分按规定粘贴学校统一设计制定的标识得1分

□ 全都按规定粘贴学校统一设计制定的标识得2分

(4)涉密计算机远离暖气管道、通风管道、上下水管、电话、有线报警系统等偶然导体。

□ 未远离偶然导体得0分　□ 远离偶然导体得2分

(5)涉密计算机及与其相关的涉密设备的屏幕、投影摆放不易被无关人员直视或采用遮挡措施。

□ 极易被直视得0分　　□ 较容易被直视得1分　　□ 不能被直视得2分

(6)涉密计算机的电源采用滤波电源。

□ 未采用得0分　　□ 已采用得2分

(7)机密级计算机采用视频信号干扰仪。

□ 未采用得 0 分　　□ 已采用或不涉及此项得 2 分

(8)按规定程序对涉密计算机进行变更和调整,记录齐全且与实际相符。

□ 未按规定程序执行,记录不齐全且与实际不符得 0 分

□ 未按规定程序执行,或记录不齐全,或与实际不相符得 1 分

□ 按规定执行或不涉及此项得 2 分

(9)未擅自卸载、修改涉密计算机的安全技术程序、管理程序。

□ 擅自卸载和修改得 0 分　□ 未擅自卸载和修改得 2 分

(10)涉密计算机未连接非涉密设备或非涉密移动存储介质。

□ 已连接得 0 分　　□ 未连接得 2 分

(11)高密级存储设备禁止接入低密级信息设备。

□ 已接入得 0 分　　□ 未接入或不涉及此项得 2 分

(12)未超出涉密计算机的涉密等级进行存储、处理、传输涉密信息。

□ 超出等级得 0 分　　□ 未超出等级得 2 分

(13)与涉密计算机相关的输出设备明确专人进行管理,实行登记审批制度且限制非授权打印输出。

□ 未执行得 0 分　　□ 未完全执行得 1 分

□ 严格执行或不涉及此项得 2 分

(14)专用信息设备或者信息系统,已经明确涉密等级和保护要求,已采取相应的安全控制措施。

□ 未明确等级且无安全控制措施得 0 分

□ 未明确等级或无安全控制措施得 1 分

□ 明确等级且具有安全控制措施或不涉及此项得 2 分

3.1.4 存储设备安全评估(满分 12 分)

(1)涉密介质标明密级、编号、责任人,按照不同类别粘贴的涉密标识不易被涂改、损坏和丢失。

□ 完全不符合要求得 0 分　□ 部分符合要求得 1 分　□ 全部符合要求得 2 分

(2)不使用时的涉密信息存储介质存放在密码文件柜内。

□ 未按规定存放得 0 分　□ 已按规定存放得 2 分

(3)不再需要的介质按规定及时审批登记予以销毁。

□ 未按规定审批和及时销毁得 0 分

□ 未按规定审批或未及时销毁得 1 分

□ 已按规定审批且及时销毁得 2 分

(4)涉密计算机禁止接入非涉密移动存储介质,涉密信息存储介质禁止接入非涉密计算机。

□ 未按规定执行得 0 分　□ 已按规定执行得 2 分

(5)低密级涉密移动信息介质禁止存储高密级涉密信息。

□ 未按规定执行得 0 分　□ 已按规定执行得 2 分

(6)通过计算机防护系统对涉密计算机的端口进行禁用控制,专用介质须进行认证、授权和管理,输出操作行为须进行记录审计。

□ 非输出机开放端口得 0 分

□ 禁用端口但专用介质未授权或输出无记录审计得 1 分

□ 全部按规定执行得 2 分

物理设备安全总体评估情况见附表 J.2。

附表 J.2

风险评估类别	风险评估项	该子项得分	得分所占比例	风险评估等级
物理设备安全评估	物理和环境安全评估			□高 □中 □低
	通信和传输安全评估			□高 □中 □低
	信息设备安全评估			□高 □中 □低
	存储设备安全评估			□高 □中 □低
物理安全总体评估				□高 □中 □低

3.2 操作安全评估(满分 56 分)

3.2.1 身份鉴别评估(满分 10 分)

(1)涉密计算机设置开机密码、USB KEY 密码、操作系统密码、启用屏幕保护恢复密码。

□ 未设置密码得 0 分　　□ 设置部分密码得 1 分　　□ 按规定执行得 2 分

(2)根据涉密等级设置符合长度、复杂性要求的密码,并定期更换。设置强制定期更改密码提示,设置密码复杂度提示。

□ 密码不符合要求且不更换、无提醒得 0 分

□ 密码不符合要求,或不及时更换,或无提醒得 1 分　　□ 按规定执行得 2 分

(3)妥善保管 USB KEY 和密码,离开涉密计算机时 USB KEY 及时拔出,离开涉密场所时将 USB KEY 存放于密码文件柜内。

□ USB KEY 未安全存放得 0 分

□ USB KEY 未及时安全存放得 1 分

□ 按规定执行得 2 分

(4)身份鉴别措施根据涉密人员岗位和密级变化及时调整,USB KEY 等身份鉴别装置、账户信息与真实用户相符。

□ 未调整身份鉴别措施得 0 分

□ 未及时调整或与实际用户不符得 1 分　　□ 按规定执行得 2 分

(5)未经授权,禁止知悉和掌握他人的身份鉴别装置和登录信息,USB KEY 等身份鉴别装置参照国家秘密载体的要求进行管控。

□ 未按秘密载体要求管控得 0 分　　□ 按规定执行得 2 分

3.2.2 访问控制评估(满分 26 分)

(1)涉密计算机实行强制访问控制策略。

□ 未实行得 0 分　　□ 已实行得 2 分

(2)机密级计算机经批准授权后使用与责任人绑定的 USB KEY 登录系统。

□ 未使用得 0 分　　□ 按规定执行或不涉及此项得 2 分

(3)多人共用涉密计算机时单独建立账户访问,禁止非授权访问和获取他人涉密信息。

□ 未建立单独账号得 0 分

□ 建立单独账号但未禁止非授权访问得 1 分

□ 按规定执行或不涉及此项得 2 分

(4)管理员用户密码设置禁止为空,关闭无关用户(如 guest)。

□ 未禁止为空且未关闭无关用户得 0 分

□ 未禁止为空或未关闭无关用户得 1 分　　□ 按规定执行得 2 分

(5)BIOS 启动项设为硬盘,禁止设置光盘为启动项,设置 BIOS 启动密码。

□ 未设置 BIOS 密码得 0 分

□ 设置 BIOS 密码,但启动盘为其他盘得 1 分　　□ 按规定执行得 2 分

(6)常规状态时关闭涉密计算机所有端口、共享、服务、链接和系统授权,在需要时按规定审批,根据实际情况有限制地开放。

□ 未关闭端口得 0 分　　□ 关闭端口但未按审批限制开放得 1 分

□ 按规定执行得 2 分

(7)禁用网络连接设备。

□ 未禁用得 0 分　　□ 已禁用得 2 分

(8)外部信息设备经审批后安装,禁止涉密设备与非涉密的外部设备连接。

□ 未审批且未禁止得 0 分　□ 未审批或未禁止得 1 分　　□ 按规定执行得 2 分

(9)定期对涉密计算机访问控制策略和审计记录进行审查,确认未经授权的访问情况。

□ 未审查得 0 分　　□ 未定期审查得 1 分　　□ 按规定执行得 2 分

(10)在审查时发现非授权访问及时汇报并采取有效措施予以控制,防止非授权访问的延续与扩大。

□ 未汇报和控制得 0 分　　□ 未及时汇报和控制得 1 分　□ 按规定执行得 2 分

(11)涉密信息和重要信息的输出实施严格控制,防止被非授权访问和获取。

□ 未严格控制得 0 分　　□ 按规定执行得 2 分

(12)涉密计算机禁用共享服务,未经过批准禁止开放端口。

□ 未禁用共享服务和未经批准开放端口得 0 分

□ 未禁用共享服务或未经批准开放端口得 1 分

□ 按规定执行得 2 分

(13)采用无线方式接入涉密信息系统或者涉密计算机,须采用国家保密行政管理部门和国家密码管理部门检测合格的安全保密设施和密码设备,制定专门的安全保密方案,并报国家保密行政管理部门审查。

□ 未按规定执行得 0 分　　□ 按规定执行得 2 分

3.2.3 非涉密信息导入安全评估(满分 6 分)

(1)非涉密信息导入涉密计算机须使用非涉密中间机或单向导入装置。

□ 未按规定执行得 0 分　　□ 执行但登记审批不完整得 1 分

□ 按规定执行得 2 分

(2)非涉密信息为公开信息:填写《涉密信息设备全生命周期使用登记簿(信息导入审

批单)》(BMB/HEU - JZSY - 02),定密责任人、计算机安全保密管理员审批后,通过单向导入盒导入涉密计算机。

□ 未按规定执行得 0 分　□ 执行但登记审批不完整得 1 分

□ 按规定执行得 2 分

(3)非涉密信息为内部光盘信息:将信息导入中间机中,经病毒查杀,并在《涉密信息设备全生命周期使用登记簿(端口、管理员 KEY、多人共用、中间机)》(BMB/HEU - JZSY - 01)登记操作记录,填写《涉密信息设备全生命周期使用登记簿(信息导入审批单)》(BMB/HEU - JZSY - 02),定密责任人、计算机安全保密管理员审批,在中间机杀毒后采用一次性写入光盘的形式刻录此信息,涉密计算机开放相应端口,填写《涉密信息设备全生命周期使用登记簿(端口、管理员 KEY、多人共用、中间机)》(BMB/HEU - JZSY - 01)和《涉密信息设备全生命周期使用登记簿(信息导入审批单)》(BMB/HEU - JZSY - 02),定密责任人、计算机安全保密管理员审批后,导入涉密计算机中,记录传输内容,使用的光盘须存档。

□ 未按规定执行得 0 分　□ 执行但登记审批不完整得 1 分　□ 按规定执行得 2 分

3.2.4 涉密信息导入安全评估(满分 6 分)

(1)涉密中间机原则上只接收外来涉密光盘。

(2)填写《涉密信息设备全生命周期使用登记簿(端口、管理员 KEY、多人共用、中间机)》(BMB/HEU - JZSY - 01)和《涉密信息设备全生命周期使用登记簿(信息导入审批单)》(BMB/HEU - JZSY - 02),定密责任人、计算机安全保密管理员审批,将外来涉密光盘接入涉密中间机,进行病毒与恶意代码查杀后,可以直接使用该光盘将涉密信息导入涉密计算机;也可以将涉密信息从中间机通过涉密 U 盘拷贝到其他涉密计算机中。

□ 未按规定执行得 0 分　□ 执行但登记审批不完整得 1 分　□ 按规定执行得 3 分

(3)外来涉密光盘按照涉密载体存档、管理。

□ 未按规定执行得 0 分　□ 执行但登记审批不完整得 1 分　□ 按规定执行得 3 分

3.2.5 信息导出安全评估(满分 8 分)

(1)涉密计算机输出的所有资料(涉密、非涉密)要在《涉密信息设备全生命周期使用登记簿(打印、刻录、复印)》(BMB/HEU - XXSC - 01)登记,输出类别填写打印、刻录或复印,注明去向,审批人(定密责任人)审批。

□ 未按规定执行得 0 分　□ 执行但登记审批不完整得 1 分　□ 按规定执行得 2 分

(2)项目组由定密责任人审批,学院机关、学校机关部处由各个业务科室负责人审批,其他审批人可由相关定密责任人或负责人授权审批(须有书面授权书)。

□ 未按规定执行得 0 分　□ 执行但登记审批不完整得 1 分　□ 按规定执行得 2 分

(3)涉密计算机输出的废页经审批人批准后销毁(废页为制作时出现错误,既无法使用又未体现国家秘密的纸张)。

□ 未按规定执行得 0 分　□ 执行但登记审批不完整得 1 分　□ 按规定执行得 2 分

(4)输出涉密过程文件资料须按照涉密载体进行管理,禁止自行销毁。

□ 未按规定执行得 0 分　□ 执行但登记审批不完整得 1 分　□ 按规定执行得 2 分

操作安全总体评估情况见附表 J.3。

附表 J.3

风险评估类别	风险评估项	该子项得分	得分所占比例	风险评估等级
操作安全评估	身份鉴别评估			□高　□中　□低
	访问控制评估			□高　□中　□低
	非涉密信息导入安全评估			□高　□中　□低
	涉密信息导入安全评估			□高　□中　□低
	信息导出安全评估			□高　□中　□低
操作安全总体评估				□高　□中　□低

3.3 应用系统及数据安全评估(满分 24 分)

3.3.1 应用系统安全评估(满分 6 分)

(1)必须选择具有国家相关资质的应用系统。

□ 无相应资质得 0 分　　□ 不涉及或有相应资质得 2 分

(2)应用系统的实施必须满足实际的访问权限需求,禁止非授权访问。

□ 不满足要求得 0 分　　□ 不涉及或满足相应要求得 2 分

(3)应用系统安全同时应满足网络安全、数据通信安全、操作系统安全、数据库安全、应用程序安全、终端安全等安全机制。

□ 不满足要求得 0 分　　□ 不涉及或满足相应要求得 2 分

3.3.2 信息交换安全评估(满分 6 分)

(1)涉密计算机与互联网和其他公共网络实现物理隔离,防止非法设备与涉密设备发生连接,防止涉密设备非法外联。

□ 不满足要求得 0 分　　□ 满足要求得 2 分

(2)涉密计算机均安装"三合一"防护系统,并具有违规外联报警功能;所有涉密移动存储介质均为满足国家要求的涉密专用介质,也具有违规外联报警功能。

□ 不满足要求得 0 分　　□ 满足要求得 2 分

(3)涉密信息系统内的数据传输或使用的应用系统应具备信息完整性检测功能,及时发现涉密信息被篡改、删除、插入等情况,并生成审计日志。

□ 不满足要求得 0 分　　□ 不涉及或满足要求得 2 分

3.3.3 数据和数据库安全评估(满分 4 分)

(1)涉密信息系统中重要数据库应采用安全加强措施,保证数据库的安全使用。

□ 未采取措施得 0 分　　□ 不涉及此项或按要求执行得 2 分

(2)主机审计服务器数据库已定期备份。

□ 未备份得 0 分　　□ 已部分备份得 1 分　　□ 按要求执行得 2 分

3.3.4 备份与恢复安全评估(满分 6 分)

(1)定期备份系统数据文件。

□ 未备份得 0 分　　□ 未定期备份得 1 分　　□ 已定期备份得 2 分

(2)安全审计日志和重要业务数据采取数据备份技术,确保数据完整性。

□ 未备份得 0 分　　□ 备份但数据不完整得 1 分　□ 备份且数据完整得 2 分

(3)所有涉密信息、数据的备份设备和介质视同处理涉密信息的信息设备和介质管理。

□ 未按涉密信息设备和介质管理得 0 分

□ 按涉密信息设备和介质管理得 2 分

3.3.5 开发和维护安全评估(满分 2 分)

如涉及开发和维护安全时,应按照数据安全、运行安全、系统安全、物理安全、人员安全等策略实施。

□ 不满足要求得 0 分　　□ 不涉及或满足相应要求得 2 分

应用系统及数据安全总体评估情况见附表 J.4。

附表 J.4

风险评估类别	风险评估项	该子项得分	得分所占比例	风险评估等级
应用系统及数据安全评估	应用系统安全评估			□ 高　□ 中　□ 低
	信息交换安全评估			□ 高　□ 中　□ 低
	数据和数据库安全评估			□ 高　□ 中　□ 低
	备份与恢复安全评估			□ 高　□ 中　□ 低
	开发和维护安全评估			□ 高　□ 中　□ 低
应用系统及数据安全总体评估				□ 高　□ 中　□ 低

3.4 安全审计评估(满分 40 分)

3.4.1 主机审计基本要求评估(满分 4 分)

(1)秘密级计算机每 3 个月导出审计日志,结合自查情况,填写《哈尔滨工程大学涉密信息设备和涉密存储设备安全保密审计报告》(BMB/HEU - SJBG - 01)(4 份/(台·年));机密级计算机每 1 个月导出审计日志,结合自查情况,填写《哈尔滨工程大学涉密信息设备和涉密存储设备安全保密审计报告》(BMB/HEU - SJBG - 01)(10 份/(台·年));非涉密计算机和信息系统每 3 个月进行安全审计并填写《哈尔滨工程大学非涉密信息设备和非涉密存储设备安全保密审计报告》(BMB/HEU - SJBG - 02)(4 份/(台·年))。各涉密处级单位汇总,按照时间要求报送至信息化处。

□ 未形成审计报告得 0 分　　□ 未指定安全审计报告或未定期形成审计报告得 1 分

□ 按要求执行得 2 分

(2)审计记录存储至少保存一年,并保证有足够的空间存储审计记录,防止由于存储空间溢出造成审计记录的丢失。

□ 无审计记录得 0 分

□ 内容不完整,或保存时间不足,或未定期审查分析,或未授权查阅得 1 分

□ 按要求执行得 2 分

3.4.2 涉密信息系统审计内容评估(满分 20 分)

(1)整体运行情况:包括设备和用户的在线和离线、系统负载均衡、网络和交换设备、电力保障、机房防护等是否正常。

□ 无审计记录得 0 分　　□ 内容不完整得 1 分

□ 不涉及或按要求执行得 2 分

(2)涉密信息系统服务器:对系统的域控制、应用系统、数据库、文件交换等服务的启

动、关闭,用户登录、退出时间,用户的关键操作等进行审计,查验各个服务器的运行状态。

□ 无审计记录得0分　□ 内容不完整得1分　□ 不涉及或按要求执行得2分

(3)安全保密产品:对身份鉴别、访问控制、防火墙、IDS、漏洞扫描、病毒与恶意代码防护、网络监控审计、主机监控审计、各种网关、打印和刻录监控审计等安全保密产品的功能,以及自身安全性进行审计。查验各个安全保密产品的功能是否处于正常状态,日志记录是否完整,汇总并分析安全防护设备的日志记录,发现是否存在未授权的涉密信息访问、入侵报警事件、恶意程序与木马、病毒大规模爆发、高风险漏洞、违规拆卸或接入设备、擅自改变软件配置、违规输入输出情形。

□ 无审计记录得0分　□ 内容不完整得1分　□ 不涉及或按要求执行得2分

(4)设备接入和变更情况:对信息设备接入和变更的审批流程、接入方式、控制机制等情况进行审计,防止设备违规接入。对涉密信息系统服务器、用户终端和涉密计算机重新安装操作系统进行审计,防止故意隐藏或销毁违规记录的行为。对试用人员和设备的变更审批、设备交接、授权策略和权限控制进行审计,保证试用人员岗位变更后,无法查看和获取超出知悉范围的国家秘密信息。

□ 无审计记录得0分　□ 内容不完整得1分　□ 不涉及或按要求执行得2分

(5)应用系统和数据库:应当依据管理制度和访问控制策略,对应用系统和数据库的身份鉴别、访问控制强度和细粒度进行审计,保证各个应用系统和数据库的涉密信息控制在各种主体的知悉范围内,并且能够进行安全传递和交换(例如,通过安全审计分析用户是否按照信息密级和知悉范围进行信息传递,审批人员是否认真履行职责等)。

□ 无审计记录得0分　□ 内容不完整得1分　□ 不涉及或按要求执行得2分

(6)导入导出控制:对信息系统和信息设备的导入导出点的建立、管理和控制,以及审批流程、导入导出操作、存储设备使用管理等进行审计。特别要对是否存在以非涉密方式导出涉密信息的情形进行审计,发现违规行为应当及时记录、上报,并协助查处。

□ 无审计记录得0分　□ 内容不完整得1分　□ 不涉及或按要求执行得2分

(7)涉密信息、数据:对涉密信息和数据的产生、修改、存储、交换、使用、输出、归档、消除和销毁等进行审计。

□ 无审计记录得0分　□ 内容不完整得1分　□ 不涉及或按要求执行得2分

(8)移动存储设备:对移动存储设备是否按照授权策略配置,以及管理、存放、借用、使用、归还、报废、销毁情况进行审计。

□ 无审计记录得0分　□ 内容不完整得1分　□ 不涉及或按要求执行得2分

(9)用户操作行为:对涉密信息系统、涉密信息设备和涉密存储设备用户的关键操作行为进行审计,发现用户失误或者违规操作行为。

□ 无审计记录得0分　□ 内容不完整得1分　□ 不涉及或按要求执行得2分

(10)管理和运行维护人员操作行为:利用信息系统、网络设备、外部设备、应用系统自身和安全保密产品的审计功能,结合人工文字记录,准确记录和审计系统管理员、安全保密管理员的操作行为,例如,登录或退出事件、新建和删除用户、更改用户权限、更改系统配置、改变安全保密产品状态等。

□ 无审计记录得0分　□ 内容不完整得1分　□ 不涉及或按要求执行得2分

3.4.3 单台涉密信息设备和涉密存储设备审计内容(满分12分)

(1)对其管理和使用情况进行审计,特别是对专供外出使用的便携式计算机等信息设备，应当对外出期间所携带的涉密文件和信息的操作、导入导出、设备接入和管控情况进行审计。

□ 无审计记录得 0 分　　□ 内容不完整得 1 分　　□ 不涉及或按要求执行得 2 分

（2）移动存储设备：对移动存储设备是否按照授权策略配置，以及管理、存放、借用、使用、归还、报废、销毁情况进行审计。

□ 无审计记录得 0 分　　□ 内容不完整得 1 分　　□ 不涉及或按要求执行得 2 分

（3）用户操作行为：对涉密信息设备和涉密存储设备用户的关键操作行为进行审计，发现用户失误或者违规操作行为。

□ 无审计记录得 0 分　　□ 内容不完整得 1 分　　□ 不涉及或按要求执行得 2 分

（4）管理和运行维护人员操作行为：利用网络设备、外部设备、应用系统自身和安全保密产品的审计功能，结合人工文字记录，准确记录和审计系统管理员、安全保密管理员的操作行为，例如，登录或退出事件、新建和删除用户、更改用户权限、更改系统配置、改变安全保密产品状态等。

□ 无审计记录得 0 分　　□ 内容不完整得 1 分　　□ 不涉及或按要求执行得 2 分

（5）涉密计算机的审计范围：违规外联日志、违规操作日志、文件操作日志、程序运行日志、上网行为日志、文件共享日志、文件打印日志、用户登录日志、网络访问日志、软件安装日志、违规使用日志、账户变更日志、刻录审计日志、文件流入流出日志、服务监控日志、主机状态日志等。

□ 无审计记录得 0 分　　□ 内容不完整得 1 分　　□ 不涉及或按要求执行得 2 分

（6）审计记录内容：日期时间、计算机用户、事件分类、事件内容、事件来源等。

□ 无审计记录得 0 分　　□ 内容不完整得 1 分　　□ 不涉及或按要求执行得 2 分

3.4.4 非涉密信息系统、非涉密信息设备和非涉密存储设备审计评估（满分 4 分）

对非涉密信息系统、非涉密信息设备和非涉密存储设备的配置、管理、使用、控制、安全机制等进行审计。

□ 无审计记录得 0 分　　□ 内容不完整得 2 分　　□ 不涉及或按要求执行得 4 分

安全审计总体评估情况见附表 J.5。

附表 J.5

风险评估类别	风险评估项	该子项得分	得分所占比例	风险评估等级
安全审计评估	主机审计基本要求评估			□高　□中　□低
	涉密信息系统审计内容评估			□高　□中　□低
	单台涉密信息设备和涉密存储设备审计内容			□高　□中　□低
	非涉密信息系统、非涉密信息设备和非涉密存储设备审计评估			□高　□中　□低
安全审计总体评估				□高　□中　□低

3.5 运行维护安全评估(满分 90 分)

3.5.1 运行管理评估(满分 26 分)

(1)申请涉密计算机按规定进行审批。

□ 未审批得 0 分　　□ 未按规定审批得 1 分　　□ 按要求执行得 2 分

(2)涉密计算机密级、责任人、使用放置场所、软硬件变更按规定审批并调整相应台账信息。

□ 未审批且未调整台账得 0 分　　□ 未审批或未调整台账得 1 分

□ 按要求执行得 2 分

(3)重新安装操作系统、安装和拆卸涉密信息设备硬件或者外部设备的相关操作流程符合规定。

□ 流程不符合规定得 0 分　　□ 按要求执行得 2 分

(4)涉密便携式计算机外出携带按规定进行审批且进行安全保密检查,做好外出操作记录,详细记录计算机使用情况。

□ 未进行保密审查和审批得 0 分　　□ 未审批或未经保密审查得 1 分

□ 按要求执行得 2 分

(5)处理文档的涉密计算机上使用规定版本的操作系统,并安装系统补丁。

□ 未使用规定的操作系统和未安装补丁得 0 分

□ 未使用规定的操作系统或未安装补丁得 1 分　　□ 按要求执行得 2 分

(6)涉密信息系统和涉密信息设备使用的软件统一管理并制定软件白名单。

□ 未制定软件白名单得 0 分

□ 制定软件白名单但未统一管理得 1 分

□ 按要求执行得 2 分

(7)临时使用的软件及应用系统采取一次一批的管理办法按规定进行审批。

□ 未审批得 0 分　　□ 未按规定审批得 1 分　　□ 按要求执行得 2 分

(8)涉密设备维修时严格按照相关管理办法做好审批,按规定与维修单位相关维修人员签订保密协议,认真填写设备维修日志档案,维修过程全程旁站陪同。

□ 未审批且维修过程不符合规定得 0 分

□ 未按规定审批或维修过程不符合规定得 1 分

□ 按要求执行得 2 分

(9)涉密设备送外维修时,在具有相关保密资质的单位进行维修并与其签订保密协议。拆除所有可能存储过涉密信息的硬件和固件,维修信息记录详细。

□ 未签订保密协议且维修过程不符合规定得 0 分

□ 未签订保密协议或维修过程不符合规定得 1 分

□ 按要求执行得 2 分

(10)与涉密计算机相关的不再使用的设备及其存储部件办理销毁手续符合规定且记录完整。

□ 未销毁得 0 分　　□ 未按规定销毁或记录不完整得 1 分

□ 按要求执行得 2 分

(11)涉密便携式计算机不使用时存放在密码文件柜内。

□ 未按规定存放得 0 分　　□ 按要求执行或不涉及此项得 2 分

(12)由专人管理专供外出携带的涉密信息设备和涉密存储设备,借出前或者归还后按规定进行保密检查且与实际情况相符。

☐ 无专人管理且借出归还未按规定进行得 0 分

☐ 无专人管理或借出归还未按规定进行得 1 分　☐ 按要求执行得 2 分

(13)不得修改、删除涉密计算机保密技术防护专用系统的监控程序报警回联地址。

☐ 未按规定执行得 0 分　☐ 按规定执行得 2 分

3.5.2 计算机病毒和恶意代码防护评估(满分 12 分)

(1)涉密计算机安装国产防病毒软件与恶意代码软件,对系统进行全面病毒扫描后投入使用。

☐ 未安装国产杀毒软件得 0 分

☐ 安装国产杀毒软件但未全面扫描得 1 分

☐ 全部按规定执行得 2 分

(2)定期对杀毒软件进行更新,不取消杀毒功能。

☐ 软件未更新或取消杀毒功能得 0 分

☐ 软件未及时更新得 1 分　☐ 按规定执行得 2 分

(3)中间转换机与涉密机采用不同的病毒查杀工具。

☐ 采用相同的病毒查杀工具得 0 分　☐ 采用不同的病毒查杀工具得 2 分

(4)杀毒软件升级后立即进行全盘查杀,及时清除隔离区和未被删除的病毒,对无法删除的病毒及时上报信息化处。

☐ 未查杀和清除且未上报得 0 分

☐ 未及时查杀或清除病毒,或未及时上报得 1 分　☐ 按规定执行得 2 分

(5)病毒库升级包经过安全保密检测,按照规定操作流程及频率对杀毒软件进行升级。

☐ 未升级得 0 分　☐ 未检测或未按规定流程升级得 1 分

☐ 按规定执行得 2 分

(6)被病毒感染的计算机中止信息交换等数据操作,直至病毒清除。

☐ 未中止得 0 分　☐ 未及时中止得 1 分　☐ 立即中止得 2 分

3.5.3 系统安全性能检测评估(满分 8 分)

(1)已进行非法外联等安全性能检测。

☐ 未进行检测得 0 分　☐ 已进行安全检测得 2 分

(2)对检测数据进行详细记录和分析,对发现的漏洞和脆弱点及时修补。

☐ 未分析检测数据得 0 分

☐ 未及时发现漏洞或未及时修补得 1 分

☐ 完成情况良好得 2 分

(3)涉密信息系统、涉密信息设备和涉密存储设备自检自查定期执行。

☐ 未执行得 0 分　☐ 未定期执行得 1 分　☐ 已定期执行得 2 分

(4)非涉密信息系统、非涉密信息设备和非涉密存储设备自检自查定期执行。

☐ 未执行得 0 分　☐ 未定期执行得 1 分　☐ 已定期执行得 2 分

3.5.4 操作系统策略安全评估(满分 32 分)

(1)用户属性禁止选择“密码永不过期”。

☐ 未设置得 0 分　　☐ 部分设置得 1 分　　☐ 按要求执行得 2 分

(2)密码策略须启用“密码必须符合复杂性要求”。

☐ 未设置得 0 分　　☐ 部分设置得 1 分　　☐ 按要求执行得 2 分

(3)密码长度最小值按照不同密级输入数字。

☐ 未设置得 0 分　　☐ 部分设置得 1 分　　☐ 按要求执行得 2 分

(4)密码最长留存期按照不同密级输入数字。

☐ 未设置得 0 分　　☐ 部分设置得 1 分　　☐ 按要求执行得 2 分

(5)强制密码历史设置为“1”。

☐ 未设置得 0 分　　☐ 部分设置得 1 分　　☐ 按要求执行得 2 分

(6)账户锁定时间设置为“30 分钟”。

☐ 未设置得 0 分　　☐ 部分设置得 1 分　　☐ 按要求执行得 2 分

(7)账户锁定阈值设置为“5 次无效登录”。

☐ 未设置得 0 分　　☐ 部分设置得 1 分　　☐ 按要求执行得 2 分

(8)重置账户锁定计数器设置为“30 分钟之后”。

☐ 未设置得 0 分　　☐ 部分设置得 1 分　　☐ 按要求执行得 2 分

(9)审核策略更改设置为“成功、失败”。

☐ 未设置得 0 分　　☐ 部分设置得 1 分　　☐ 按要求执行得 2 分

(10)审核登录事件设置为“成功、失败”。

☐ 未设置得 0 分　　☐ 部分设置得 1 分　　☐ 按要求执行得 2 分

(11)审核特权使用设置为“成功、失败”。

☐ 未设置得 0 分　　☐ 部分设置得 1 分　　☐ 按要求执行得 2 分

(12)审核系统事件设置为“成功、失败”。

☐ 未设置得 0 分　　☐ 部分设置得 1 分　　☐ 按要求执行得 2 分

(13)审核账户登录事件设置为“成功、失败”。

☐ 未设置得 0 分　　☐ 部分设置得 1 分　　☐ 按要求执行得 2 分

(14)审核账户管理设置为“成功、失败”。

☐ 未设置得 0 分　　☐ 部分设置得 1 分　　☐ 按要求执行得 2 分

(15)Windows XP 日志最大大小设置为“5 120 KB”，Windows 7 日志最大大小设置为“20 480 KB”。

☐ 未设置得 0 分　　☐ 部分设置得 1 分　　☐ 按要求执行得 2 分

(16)Server 服务须将启动类型改为“已禁用”。

☐未设置得 0 分　　☐ 部分设置得 1 分　　☐ 按要求执行得 2 分

3.5.5 应急响应评估(满分 12 分)

(1)涉密计算机系统异常时及时汇报与处理。

☐ 未汇报和处理得 0 分　　☐ 未及时汇报和处理得 1 分　☐ 按要求执行得 2 分

(2)定期对安全审计日志进行综合分析，并对异常事件进行问题分析。

☐ 未进行分析得 0 分　　☐ 未及时分析得 1 分　　☐ 按要求执行得 2 分

(3)针对可能发生的安全事件(如病毒破坏等)，以及所造成的对系统的损坏(如数据篡改、系统瘫痪等),制定并采取相应的应急响应和补救措施且记录详细。

□ 未采取补救措施得 0 分 □ 未及时采取补救措施得 1 分

□ 按要求执行得 2 分

(4)“涉及国家秘密的信息系统使用许可证”涉及事项发生变化时按有关规定及时报告。

□ 未报告得 0 分 □ 未及时报告得 1 分 □ 按要求执行得 2 分

(5)涉密计算机、安全保密产品、信息存储介质等发生泄密事件时,立即停止涉密事件相关信息设备的运行,排查确定原因,及时改进、及时报告、及时补救、切断泄密源,进行详细记录。

□ 未立即停止得 0 分

□ 立即停止但未及时排查原因整改补救,或未有相关记录得 1 分

□ 按要求执行得 2 分

(6)与泄密事件相关的信息设备重新进行安全评估后,方能重新启用。

□ 进行安全评估得 0 分 □ 按要求执行得 2 分

运行维护安全总体评估情况见附表 J.6。

附表 J.6

风险评估类别	风险评估项	该子项得分	得分所占比例	风险评估等级
运行维护安全评估	运行管理评估			□高 □中 □低
	计算机病毒和恶意代码防护评估			□高 □中 □低
	系统安全性能检测评估			□高 □中 □低
	操作系统策略安全评估			□高 □中 □低
	应急响应评估			□高 □中 □低
运行维护安全总体评估				□高 □中 □低

3.6 涉密信息设备、存储设备风险自评估情况(满分 266 分)

涉密信息设备、存储设备风险自评估情况见附表 J.7。

附表 J.7

风险评估项		该子项得分	得分所占比例	风险评估等级
物理设备安全评估	物理和环境安全评估			□高 □中 □低
	通信和传输安全评估			□高 □中 □低
	信息设备安全评估			□高 □中 □低
	存储设备安全评估			□高 □中 □低
	物理设备安全总体评估			□高 □中 □低